2.–4. Schuljahr

W0395293

Augen auf! Kunst in der Primarstufe

Beatrix Jaud-Grimm
Illustrationen: O. Eger, A. Wöstheinrich, M. Woicke

schubi

PraxisBuch

Titelfotos: Kinder © VILevi/Shutterstock.com; Pinsel © Solo/Shutterstock.com

Lizenzen: S. 52: L. Feininger „Gelbe Dorfkirche 1" © bpk / Nationalgalerie, Staatliche Museen zu Berlin, Foto: Jörg P. Anders; S. 42, 50: Haifoto © Dr. Alexander T. Mustard; S. 51: Grafik Näherin © Glowimages / vario images

Illustrationen:
Oliver Eger: S. 24, 26, 37 (Knopf), 42, 46, 71 (Blumenkohl), 72, 86, 89
Anne Wöstheinrich: S. 30, 37 (Schlüssel), 58, 71 (Paprika, Karotten), 76, 79, 95
Melanie Woicke: S. 21, 92

Fotos: Beatrix Jaud-Grimm; S.56, Hügellandschaft: Eva Platten

Alle Rechte vorbehalten.

© 2012 SCHUBI Lernmedien AG
CH-8207 Schaffhausen

service@schubi.com
www.schubi.com

1. Auflage 2012
ISBN: 978-3-86723-302-6

No 580 51

Vorwort

Das Praxisbuch Augen auf! Kunst in der Primarstufe ist zugleich ein Werkbuch und ein Tatsachenbericht. Denn dieses Buch habe ich über die Erfahrungen in einer sogenannten Kunst-Aktionsgemeinschaft (kurz: Kunst-AG) geschrieben, und die gibt es wirklich: an der Grundschule im Kreuzerfeld in Rottenburg am Neckar.

Am Anfang war da unsere Tochter Juliette, Schulanfängerin, begeisterte Malerin und wild darauf zu zeigen, was sie konnte. Leider bot der Kunstunterricht in den ersten beiden Klassen ihr dazu keine Gelegenheit, da dort fast nur kopierte Vorlagen mit Buntstiften ausgemalt wurden.

Als dann die Eltern der Kinder aufgerufen wurden, Aktionsgemeinschaften gleich welcher Art anzubieten, um den Schülerinnen und Schülern auch nachmittags ein Angebot zu machen, war die Kunst-AG geboren. Begonnen als mehrwöchige Blockkurse zu bestimmten Themen wie Drucken oder Malen zu Musik wurde daraus nach der Einführung der freiwilligen Ganztagsschule und dem Jugendbegleiterprogramm in Baden-Württemberg eine regelmäßig stattfindende Veranstaltung.

In die deutsche Schullandschaft hält die Ganztagesbetreuung immer stärker Einzug. Da Lehrerinnen und Lehrer bisher den Unterricht am Nachmittag nicht abdecken können, werden wir Eltern immer mehr in die Schularbeit einbezogen. Natürlich können und wollen wir Eltern die Lehrer nicht ersetzen. Und die politische Entscheidung, vermehrt Eltern Lehrerarbeit machen zu lassen, ist mehr als fragwürdig. Trotzdem befindet sich unter der Elternschaft ein Pool an Expertinnen und Experten, die ihr Fachwissen gerne weitergeben und die gerne mit Kindern arbeiten möchten.

Dieses Buch ist für alle geschrieben, die mit Kindern im Grund- bzw. Primarschulalter künstlerisch arbeiten: für Lehrerinnen und Lehrer, auch für diejenigen, die fachfremd eingesetzt werden oder Vertretungssituationen gegenüberstehen, und für „pädagogisches Hilfspersonal". Es soll Anregung, Ideenpool und auch Ermutigung sein, sich in Schule, aber auch in Ferienprogrammen, Betreuungsangeboten oder anderen Kindergruppen zu engagieren.

Ich war immer wieder begeistert von der Fantasie, dem Ideenreichtum und der Kunstfertigkeit der Kinder. Schön ist es, durch ansprechende Ideen ihr Können „herauszukitzeln" und dadurch auch den weniger Selbstbewussten zu zeigen, was für kleine Künstler sie sind. Dies, die freundliche Aufnahme und Anerkennung von Schulleitung, Lehrern und Eltern und nicht zuletzt die Freude und Begeisterungsfähigkeit der Kinder hat mich immer wieder motiviert weiterzumachen.

Ihre

Danksagung

Auch ich habe selbstverständlich ganz vielen Leuten zu danken:

Meinen Kindern Juliette und Marius. Meinem Mann Rainer Grimm für die Unterstützung in allen computertechnischen Fragen.

Der Grundschule im Kreuzerfeld, Rottenburg am Neckar, insbesondere der Rektorin Frau Frauke Betz, dem Konrektor Herrn Klaus Bisinger, der guten Seele Frau Bengel und dem ganzen Kollegium für die nette Aufnahme.

Meiner Schwester Carmen Jaud für manchen pädagogischen und künstlerischen Rat.

Nicht zuletzt all den kleinen Künstlerinnen und Künstlern, die überhaupt zur Entstehung des Buches beigetragen haben:

Alla, Ana, Baris, Benjamin, Daniel, Dilara, Elias, Franca, Giulia, Ilka, Ina, Iva, Jan, Janika, Jil, Katharina, Lea, Lena-Clara, Leon, Massimo, Max, Melina, Nils, Özgün, Rumina, Sarah, Sven. Und ihren Eltern.

Vielen Dank euch allen und: Augen auf!

Inhaltsverzeichnis

Teil A - Einführung

Teil B - Kunstideen

TEIL A - Einführung

1. Kunst und Kind im Mittelpunkt

Kunstunterricht, egal ob im Rahmen des Schulfaches Kunst oder aber in einer freiwilligen AG, soll Kindern die Gelegenheit bieten, sich intensiv theoretisch und praktisch mit Kunst auseinanderzusetzen. Es sollte auch ein Ort sein, an dem andere Epochen, Kulturen, Stile und Künstler/innen kennengelernt werden, zum Beispiel im Rahmen eines Ausstellungsbesuchs oder beim Einbezug von Kunstwerken in das eigene Schaffen.

Die vorliegende Ideensammlung berücksichtigt die aktuellen Bildungspläne deutscher Bundesländer und Schweizer Kantone und bietet Kunstideen zu verschiedenen Bereichen des Kunstunterrichts in der Grund- und Primarstufe an. Erfahrungen mit vielfältigen Materialien und Techniken, das zielgerichtete Gestalten und das Präsentieren der Ergebnisse spielen dabei eine zentrale Rolle.

Im kleinen Kreis einer Kunst-AG (Kunst-Aktionsgemeinschaft) ist es natürlich besonders gut möglich, verschiedene Techniken auszuprobieren, neue Arbeitsansätze zu erproben und zu experimentieren. Aber auch im Klassenverband sollte der Lehrer bzw. die Lehrerin sich nicht scheuen, neue „Kunstwege" zu beschreiten. Hier wie dort können Fähigkeiten erlernt und die Motorik gefördert werden. Dabei steht der Erwerb von Kompetenzen im Vordergrund und nicht das tolle Endergebnis.

Da es in der Kunst-AG keine offizielle Bewertung der Arbeiten gibt, können die Kinder dort natürlich viel freier ihren individuellen Fähigkeiten nachgehen und diese wahrnehmen. Aber auch im regulären Kunstunterricht sollte Raum gegeben werden für freie, kreative und individuelle Gestaltungsprozesse. Diese können verbunden mit regelmäßigen (Selbst-)Reflexionsphasen sowie der Begutachtung der Ergebnisse Eindrücke liefern, die eine Beurteilung der gestalterischen Entwicklung des Kindes ermöglichen. Dabei sollte neben einer technisches Umsetzung und der sorgfältigen Ausführung immer auch der Mut zum Experimentieren, die Kreativität, die Motivation, die Fähigkeit zur Kritik und zur Selbstkritik und auch das gemeinsame Schaffen im Mittelpunkt einer bewertenden Auseinandersetzung stehen.

Die Arbeit in der Gruppe ist im Kunstunterricht sehr wichtig. Das Aushandeln der einzelnen Schritte im gemeinsamen Gestaltungsprozess ermöglicht den Kindern wichtige Erfahrung in der Selbst- und Fremdwahrnehmung und fördert die Teamfähigkeit, die in der weiteren Schullaufbahn immer wieder gefordert und später auch im Berufsalltag verlangt wird.

In allen Schularten und Fächern wird heute die Präsentation von Ergebnissen groß geschrieben. Und gerade im Kunstunterricht ist sie, wie oben bereits erwähnt, ein wichtiges Thema. Sei es als Ausstellung in der Schule, als Vorstellung im Monatskreis oder als Präsentation im öffentlichen Rahmen, z. B. im Rathaus oder in Schaufenstern – die Kinder bekommen so die Gelegenheit zu zeigen, was sie geleistet haben. Sie können ihre Kunstwerke auf andere wirken lassen und sich über deren Wirkung austauschen.

Mein spezielles Anliegen ist es, die Wahrnehmungsfähigkeit der Kinder zu stärken und sie bewusst ihre Umwelt und die Natur erleben zu lassen. Auch in unserer Umgebung, unserer Stadt kann man immer wieder interessante Dinge und Materialien für die eigenen Kunstobjekte oder -werke entdecken. Deshalb lautet unsere Parole in und außerhalb des Unterrichts: AUGEN AUF!

2. Vorneweg und hinterher

2.1 Auswahl der Gruppe

Handelt es sich bei Ihrer Gruppe um eine freiwillige Gruppe außerhalb des regulären Kunstunterrichts, sollten Sie Folgendes bei der Auswahl beachten:

Wird eine Kunst-AG im Rahmen mehrerer freiwilliger Aktionsgemeinschaften angeboten, melden sich meist mehr Kinder, als Sie Plätze anbieten möchten. Es empfiehlt sich, eine Warteliste anzulegen, da erfahrungsgemäß manche Kinder doch nicht erscheinen; dann ist es gut, einem wirklich interessierten Kind einen Platz anbieten zu können. Eine Gruppengröße von zehn bis maximal zwölf Kindern ist empfehlenswert, bei technisch anspruchsvolleren Themen wie Drucken würde ich nur mit acht Kindern arbeiten.

Es liegt bei Ihnen, ob Sie mit kleineren oder größeren Kindern oder einer ganz gemischten Gruppe arbeiten wollen. Vorliegendes Buch dokumentiert die künstlerische Arbeit mit Kindern der zweiten bis vierten Klasse. Es ist also gut möglich, eine Gruppe aus dieser Altersgruppe zusammenzusetzen, wobei jedes Kind natürlich ganz individuelle Geschicklichkeit oder Reife mitbringt, worauf dann im Verlauf der Arbeit Rücksicht genommen werden muss.

2.2 Vor- und Nachbereitung, Grundausstattung

Auch Sie als Kunstlehrende/r sollten mit offenen Augen durch Ihre Umwelt gehen, nämlich als Jäger und Sammler. Es ist von Vorteil, sich vorher einen Zeitplan anzulegen, wann Sie welches Thema bearbeiten wollen und was Sie dazu brauchen. Oft muss schon Wochen vorher das Material gesammelt werden, z. B. Alu- und Metallmüll. Benötigen Sie große Pappen? Dann empfiehlt sich die örtliche Altpapiersammlung oder der Supermarkt. Legen Sie sich ein kleines Materiallager an. Seit ich krumme Äste für eine Aktion sammeln musste, kann ich nicht mehr durch die Natur gehen, ohne dass mir besonders schöne Exemplare auffallen!

Kinder sollen beim Malen und kreativen Arbeiten nicht aufpassen müssen. Deshalb wird Werkstattkleidung empfohlen. Tische werden gleich zu Beginn mit Zeitungspapier abgedeckt, alte Lappen werden bereitgelegt.

Folgende Materialien setze ich voraus und erwähne sie nun nicht mehr in den einzelnen Kapiteln. Für jedes Kind sollte in jeder Stunde vorhanden sein:

- Wasserfarben
- Haarpinsel Nr. 6 und 10
- Borstenpinsel Nr. 8 und 18
- Jaxonkreiden
- Bleistift und Radiergummi
- Schere und Klebestift

Folgende Materialien sollte die Kursleitung zusätzlich parat haben:

- Joghurtbecher
- Schraubdeckel
- alte Teller
- Zeitungspapier
- Papier in DIN A4 und DIN A3
- Bleistifte (Härtegrad 7B)
- Zeichenkohle
- Dispersionsfarben in den Grundfarben und in Schwarz und Weiß
- Malerkrepp
- billiges Haarspray
- Klebstoff
- alte Handtücher oder andere Lappen
- Pflaster

Sie werden sicher auch die Erfahrung machen, dass es immer besonders schnelle Kinder gibt und andere, die sich viel Zeit lassen oder besonders sorgfältig arbeiten. Um keine Unruhe in die Gruppe zu bringen, empfehle ich für die schnellen Kinder ein Archiv an kleinen Zusatzangeboten anzulegen. Ideen hierfür könnten allein ein kleines Buch füllen. Ich habe immer Kopien von Mandalas, Labyrinthen, Rätseln usw. oder einfach Papier und viele Buntstifte zum freien Malen zur Hand.

Am Ende der Kunststunde muss eine Aufräumzeit von gut fünf Minuten eingeplant werden, denn seinen Arbeitsplatz ordentlich zu verlassen gehört auch dazu. Es ist sinnvoll, einen Kehrdienst einzurichten, denn erfahrungsgemäß helfen immer die gleichen Kinder oder die Arbeit bleibt gleich am Kursleiter hängen. Auch für die Putzausrüstung muss gesorgt werden: Schwämme, Trockenlappen, Besen und Kehrschaufel müssen vorhanden sein.

2.3 Sponsoring

Wenn man nicht immer nur auf Kopierpapier mit Wasserfarben malen möchte, kommt man fast nicht umhin, sich um Sachspenden zu bemühen. Papier ist teuer, gerade in größeren Formaten. Man kann sich an Papierfabriken oder Druckereien wenden. Vielleicht sponsert der örtliche Baumarkt die AG mit Dispersionsfarben oder Wechselrahmen. Man kann auch nach Wegwerfprodukten wie großen Pappen, Zeitungsendrollen oder Trägerpapieren fragen. Möglicherweise kennen auch die Eltern gute Quellen.

Damit die Sache nicht so einseitig verläuft, wird der Sponsor zur nächsten Vernissage eingeladen, auf den Einladungen ist er freundlich vermerkt. Oder man bietet als Gegenleistung eine Schaufensterdekoration oder ein tolles Bild für die Eingangshalle der Firma an. Auch hier ist Fantasie und Kreativität gefragt.

2.4 Zusätzliche Motivierung

Es ist erstaunlich, welchen Schwung es in die Gruppe bringt, wenn ein Malwettbewerb initiiert wird. Bei der Gruppenarbeit „Frosch in der Stadt" (siehe Kapitel 4.3) murrten die Kinder zunächst, vor allem wegen der ausgelosten Gruppenzusammenstellung. Als bekannt wurde, dass das beste Bild prämiert werden würde, herrschte schlagartig eine andere Arbeitsatmosphäre. Die Kinder strengten sich richtig an, und die Ergebnisse waren entsprechend großartig. Das Lehrerkollegium war die Jury und im Rahmen des Monatskreises wurden die Sieger geehrt und erhielten kleine Preise.

Lassen Sie die Kinder den Kunstunterricht anhand eines Fragebogens (siehe Seite 11) beurteilen. Zum einen erhalten Sie ein interessantes Feedback, zum anderen fühlen sich die Kinder so sehr ernst genommen; auch das trägt zur Motivation bei.

■ *Frosch in der Stadt (Dispersionsfarbe), Janika, Lea, Nils, Özgün*

Deine Meinung zählt !

Fragebogen zum Kunstunterricht

1. Was haben wir bisher im Kunstunterricht gemacht ?

2. Welche Techniken hast du gelernt ?

3. Welches Thema hat dir am besten gefallen und warum ?

4. Was würdest du gerne mal im Kunstunterricht machen / ausprobieren ?

5. Was gefällt dir nicht - was soll anders werden ?

6. Was gefällt dir ?

© SCHUBI

3. Präsentation der Kunstwerke

3.1 Werkschau und Besprechung

■ *Werkschau mit Gruppe*

Am Ende der Kunststunde sollte man sich vor allem nach Abschluss eines Themas die Zeit nehmen, die entstandenen Werke zu besprechen.

Dazu werden alle Bilder oder Objekte ausgelegt und angeschaut. Es lässt sich immer etwas Positives finden, das hervorgehoben werden kann, aber auch nicht so gelungene Details können benannt und Verbesserungsvorschläge gemacht werden. Bei solchen wertenden Kommentaren ist es sehr wichtig, auf Fairness zu achten.

Wichtiger noch als wertende Rückmeldungen ist der Austausch über die Wirkung der Bilder. Wie wirkt das Bild auf mich? Warum entfaltet es diese Wirkung? Die Kinder in diesem Bereich zu schulen, lohnt sich, denn dadurch lernen sie, die Kunstwerke „sprechen" zu lassen, die eigenen und die der anderen Künstler, und sich so mit ihnen auseinanderzusetzen. Auch ein Vergleich der eigenen Absicht mit den Äußerungen der anderen Kinder eröffnet interessante Einsichten.

■ *Mappe Massimo, 11 Jahre*

Mit der ernsthaften Besprechung ihrer Werke wird der Arbeit der Kinder schon eine gewisse Wertschätzung entgegengebracht. Dazu gehört auch, dass die Bilder nicht einfach zusammengefaltet in den Schulranzen gestopft werden.

Wir haben zu Beginn der Kunst-AG eine Mappe hergestellt, in der alles gesammelt wird und so unbeschädigt nach Hause genommen werden kann. Man kann dafür große Pappen aus Supermärkten besorgen, die zwischen Getränkestapeln stecken. Jedes Kind kann seine Mappe individuell gestalten.

3.2 Ausstellung im Schulgebäude

Für wichtig halte ich auch die Ausstellung der Arbeiten z. B. im Schulgebäude, auch wenn Auf- und Abbau zusätzlich Zeit kosten. Schön präsentiert wirken die Bilder zum einen oft noch eindrucksvoller.

■ *Ausstellung im Schulgebäude*

Außerdem macht es die Kinder stolz, anderen zeigen zu können, was sie gemacht haben. Und nicht nur die Kinder, auch für Sie als Kursleiter/in ist ein Feedback von Kolleginnen und Kollegen oder der Schulleitung interessant und wichtig.

3.3 Ausstellung in öffentlichen Räumen und Presse

Noch toller ist es für die Kinder, wenn ihre Werke einem breiteren Publikum zugänglich gemacht werden. Für diesen Fall bietet sich eine Ausstellung im Rathaus, der örtlichen Bank oder in Schaufenstern von Geschäften an. Veranstalten Sie – ganz wie bei den Großen – eine Vernissage! Dazu kann die örtliche Presse geladen werden, was am besten die Schulleitung übernimmt, die meist die besseren Kontakte hat. Vielleicht gibt es sogar eine Vorankündigung in der Zeitung. Wenn dieses Event noch vom Schulchor untermalt wird, es Saft, Gummibärchen und Salzstangen gibt und am nächsten Tag etwas über ihre Ausstellung im Heimatblatt steht, gibt es den Kindern das Gefühl, echte Künstler zu sein.

WIR MACHEN DRUCK

Herzliche Einladung

zur Vernissage der Ausstellung der Kunst-AG Kreuzerfeld – Grundschule am 11. Januar 2008 im Rathausfoyer Rottenburg um 15.00 Uhr.

Die Ausstellung kann vom 12. bis 23. Januar 2008 während der Rathausöffnungszeiten besichtigt werden.

Es stellen aus: Kinder der Klassen 2 und 3 des Schuljahres 2006/2007.
AG-Leitung: Beatrix Jaud-Grimm

■ *Einladung zur Vernissage*

Druck gemacht: Grundschüler als Grafiker

Wenn man die richtigen Techniken kennt, kann Druckgrafik relativ unaufwändig und effektvoll zugleich sein: Angeleitet von Modedesignerin Beatrix Jaus-Grimm, deren Tochter Julie selbst die Rottenburger Kreuzerfeld-Grundschule besucht, ritzten neun Schülerinnen beispielsweise fantastische Fabeltiere auf die glatte Innenseite von Tetrapaks und druckten diese Zeichnung als Farb-Negativ auf Papier. Sie ließen sich mechanisches Spielzeug einfallen und verliehen ihm märchenhaften Metallic-Effekt, indem sie Goldstaub auf die noch frische Druckfarbe streuten. Oder sie tupften mit Kartoffelstempeln – Steinchen für Steinchen – trutzige Burgen und Schlösser (im Bild oben) auf den Malgrund. Seit gestern zeigt die schuleigene Kunst-AG, bei der Kinder der Klassenstufen 2 und 3 mitmachen, all dies und mehr im Foyer des Rottenburger Rathauses. Dort ist die Ausstellung „Wir machen Druck" zu den normalen Öffnungszeiten noch bis 23. Januar zugänglich.

ski / Bild:Mozer

■ *Schwäbisches Tageblatt, 14.1.2008, Foto: Rainer Mozer, Text: Willibald Ruscheinski*

3.4 Rahmen

Oft wird gewünscht, dass die Bilder für Ausstellungen gerahmt eingereicht werden. Selbst Wechselrahmen sind gerade bei größeren Formaten und Mengen teuer; man spricht solche Anschaffungen am besten mit der Schulleitung ab, vielleicht gibt es ja auch einen Förderverein, der die Kosten übernehmen kann. Zugegebenermaßen sehen gerahmte Werke einfach noch professioneller aus und die Bilder sind so geschützt. Auf den nächsten Seiten sieht man eine Aufstellung ungerahmtes Bild, Bild mit Passpartout sowie das gerahmte Bild. Die Wirkung ist offensichtlich!

Dekorative Rahmen kann man auch selbst herstellen. Dazu benötigt man Fotokarton, rundum 4 cm breiter als das Bild, sowie Wellpappe. Die Wellpappe wird in Streifen zu 4 cm geschnitten und mit Wasserfarbe gefärbt. Anschließend wird das zu rahmende Bild auf den Fotokarton so geklebt, dass rundum ein Rand von 4 cm bleibt. Die Wellpappestreifen werden nach dem Trocknen auf das Maß der Außenlängen zugeschnitten, an den Enden auf einen 45° Winkel abgeschrägt und anschließend auf den Rand geklebt.

■ *Suchbild „Overbeck" (Bleistift), Ilka, 8 Jahre (siehe Kapitel 6.3)*
Original: Fritz Overbeck (1869–1909) „Im Moor", Neue Pinakothek München, Bild ungerahmt

■ *Bild mit Passpartout*

→ *weiter Seite 16*

Bild gerahmt

Teil B
Kunstideen

4. Experiment

■ *Natur-Kunst: Tipi*

4.1 Monotypie durch Antrommeln

Thema:
Dialog zweier Farben

Material:
- Fingerfarben in Rot, Gelb und Blau
- große Papierbögen, nicht zu dünn, z. B. Papier von Rollen
- flache Joghurtbecher
- alte Gabeln, Kämme
- selbstgemachte Papprakel (fester Karton mit gleichmäßig eingeschnittenen Kerben)

■ *Auftragen der Farbe mit den Fingern*

Info:
Die Monotypie ist eine Drucktechnik, bei der es nur einen Abzug gibt. Während es bei anderen Druckverfahren einen Druckstock (z.B. eine Linolplatte) gibt, der mehrere Abzüge erlaubt, ist bei der Monotypie das zu druckende Motiv nach einem Abzug bereits „erschöpft". Diese Technik hätte auch im Kapitel Drucken Platz finden können. Die Vorgehensweise ist hier aber sehr experimentell und bietet viel Raum zum Ausprobieren. Sie eignet sich sehr gut dazu, Berührungsängste in einer neuen Gruppe abzubauen und eine lockere Atmosphäre zu schaffen. Die Kinder dürfen richtig „dreckeln" und schmieren und Krach machen. Sie ist auch gut für jüngere Kinder oder als Partnerarbeit geeignet.

■ *Strukturen erhält man durch die Papprakel*

Durchführung:
Jedes Kind braucht einen eigenen Tisch und bekommt zwei Farben seiner Wahl, eventuell abgefüllt in kleine Joghurtbecher. Das Bildformat wird mit Klebestreifen auf der Arbeitsfläche markiert.

Papier und Zeichengeräte wie Kamm oder Papprakel liegen bereit. Ein paar schwungvolle Armkreise sowie das Ausschütteln der Hände und Füße machen schön locker.

Nun kann es losgehen. Die kleinen Künstler malen möglichst mit den Fingern direkt auf die Tischplatte. Dabei sollen die beiden Farben aufeinander zugehen, sich treffen, sich „unterhalten": Vielleicht sagen sie nur kurz „Hallo!" und trennen sich dann wieder, oder sie streiten sich – oder sie verlieben sich sogar!

■ *Antrommeln der Farbe*

Mit den Rakeln, den Gabeln oder Kämmen kann man Muster oder Strukturen in Farbflächen bringen. Zu lange darf man sich aber nicht an diesem intensiven Farberlebnis austoben. Bevor die Farbe zu trocken ist, muss das Papier darüber gelegt und mit flachen Händen angetrommelt werden. Auf der Rückseite entstehen lustige Handabdrücke, sozusagen gleich die Signatur. Das Beste ist immer das vorsichtige Abziehen und Umdrehen des Bildes und die Überraschung, wie es geworden ist. Aha, es ist ja spiegelverkehrt!

■ *Zustand der Tischplatte nach Abzug*

Hinweise:

- Bei der Monotypie ist, wie erwähnt, jeweils nur ein Abzug möglich, jeder weitere ist sehr schwach. Man kann aber versuchen, die Tischmalerei mit einer Sprühflasche zu befeuchten und dann noch mal anzutrommeln.

- Wie bei allen anderen Techniken ist vielleicht nicht jedes Werk gleich ein Kunstwerk. Nicht so gelungene Bilder eignen sich aber toll als ganz besonderes Geschenkpapier. Auf jeden Fall hat es so viel Spaß gemacht, dass die Tische schnell abgewischt sind und es von Neuem losgeht mit Malen und Trommeln!

→ weiter Seite 20

Dialog zweier Farben (Fingerfarbe), Iva, 9 Jahre

4.2 Mischtechnik: Frottage - Absprengtechnik - Lasieren

Thema:
Igel im Herbstwald

Material:
- Malpapier DIN-A3
- Wachsmalkreide
- verschiedene Herbstblätter
- Spritzsieb
- alte Zahnbürste

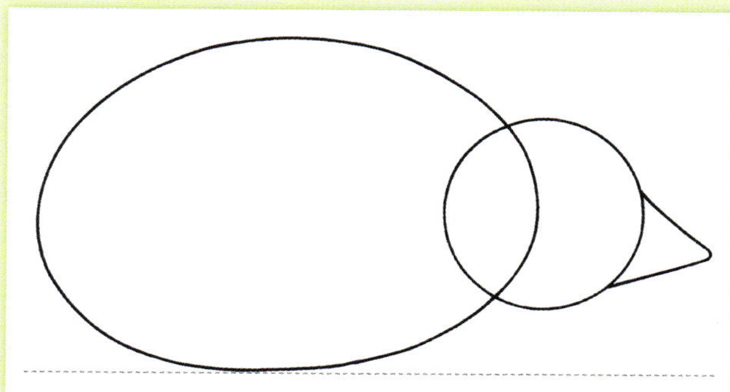

Aus geometrischen Formen ...

... entsteht der Igel

Info:
Bei diesem Bild verbinden wir unterschiedliche Techniken. Zum einen fertigen wir eine Frottage an, was bedeutet, dass man ein Objekt oder eine Struktur unter einem Papier durchreibt, indem man mit einem Bleistift oder einer Kreide darüberfährt. Zum anderen verwenden wir die Absprengtechnik. Dabei machen wir uns zu Nutze, dass Wasserfarbe die Wachsmalkreide wegen ihrer öligen Konsistenz nicht deckt, sondern abgestoßen wird. Schließlich lernen die Kinder noch die Technik des Lasierens kennen, also den wässerigen, leichten Farbauftrag.

Durchführung:
Als Vorübung zeichnen wir zuerst einen Igel. Schritt für Schritt wird aus geometrischen Figuren das Tier aufgebaut. Dabei wird die Wichtigkeit der Grundlinie betont und auf die richtige Stelle der Überschneidungspunkte aufmerksam gemacht. Es sind schon einige Versuche nötig, bis selbst so ein einfaches Tier wie ein Igel stimmige Proportionen hat.

Nun wird der Igel am unteren Blattrand mit Bleistift leicht vorgezeichnet. Die Herbstblätter werden so unter dem Blatt platziert, dass sie auf dem Körper des Tieres zu liegen scheinen. Dann mit quergelegter Wachsmalkreide darüber schummern. Die Rückseite der Blätter lässt sich oft besser durchreiben. Verschiedene Blatttypen und Herbstfarben wählen. Danach Gesicht und Pfötchen mit Wachsmalkreiden zeichnen. Im Hintergrund können die Kinder noch einige Herbstblätter fliegen lassen, die sie ebenfalls durchreiben. Jetzt kommt die Wasserfarbe zum Einsatz: Lasierend werden Grün-, Gelb-, Rot- und Brauntöne über den gesamten Hintergrund gemalt, also auch über die Blätter. Die Farben sollen ineinander fließen. Die Kinder stellen erstaunt fest, dass die Blätter die Farbe nicht annehmen, sondern sie geradezu abstoßen.

Igel im Herbstwald (Absprengtechnik), Max, 9 Jahre

Idee:

Am Schluss kann man noch mit dem Spritzsieb, der Zahnbürste und passender Wasserfarbe über die Herbstblätter gehen. Die Sprenkel verleihen ihnen ein noch echteres Aussehen.

4.3 Papierbatik

Thema:
Feuerwerk

Material:
- Teelichte
- Streichhölzer
- Stecknadeln mit Glasköpfen
- Papier, DIN A5
- Bügeleisen
- Zeitungspapier

Erstes Auftragen des Wachses

Auftragen der ersten Farbe

Info:
Bei dieser Technik wird mit brennenden Kerzen gearbeitet. Deswegen muss vorher genau überlegt werden, ob die Gruppe für so ein nicht unriskantes Vorhaben geeignet ist. Auf jeden Fall muss man die Kinder auf die Gefahren hinweisen und verabreden, dass die Teelichte immer am Platz bleiben und nur von der Kursleiterin angezündet werden.

Die Papierbatik ist eine Variante der Wachsbatik. Bei der Wachsbatik wird flüssiges Wachs mit einem Pinsel auf Stoff gemalt, anschließend wird der Stoff im Farbbad gefärbt. Bei der Papierbatik verwenden wir als Basis Papier und das Wachs tragen wir mit den Nadelköpfchen auf.

Dafür malen wir die Farbe mit Pinseln auf. Das Prinzip bei beiden Techniken ist, dass bereits gefärbte Stellen mit neu aufgetragenem Wachs vor der anschließenden erneuten Färbung bewahrt (im Fachjargon heißt das „reserviert") werden, d. h. die Zeichnung bleibt dort in der ursprünglichen Färbung erhalten.

■ *Auftragen des Wachses vor der nächsten Färbung*

Durchführung:

Jedes Kind bekommt ein Teelicht und eine Stecknadel, die auf das Ende eines Bleistiftes gesteckt wird.

Hat die Kerze etwas flüssiges Wachs produziert, wird der Stecknadelkopf kurz in die Flamme gehalten, dann in das Wachs getaucht und anschließend schnell über das weiße Papier gezogen. Die Kinder können auf diese Weise Blüten, Sterne und Funken zeichnen. Nach etwa drei Figuren legen sie das Blatt zur Seite und gestalten noch zwei weitere Exemplare.

Anschließend übermalen sie die Papiere mit gelber Wasserfarbe. Dabei sollten sie nicht zu viel Wasser verwenden!

Ist die Farbe getrocknet, können die Kinder erneut einige Feuerwerksfiguren mit Stecknadelkopf und Wachs zeichnen. Jetzt malen sie mit orangefarbener Wasserfarbe darüber. In dieser Art und Weise fahren sie fort und nehmen danach rote, dann lila oder ultramarinblaue Farbe. Ganz zum Schluss wird das Bild mit Schwarz übermalt.

■ *Abwechselnd tragen die Kinder Farben und Wachs auf*

Sind die Bilder getrocknet, werden sie zwischen Zeitungspapierlagen gelegt und gebügelt. Das Wachs schmilzt weg, wird vom Zeitungspapier aufgesaugt und zum Vorschein kommen die Feuerwerksfiguren in den verschiedenen Farbtönen.

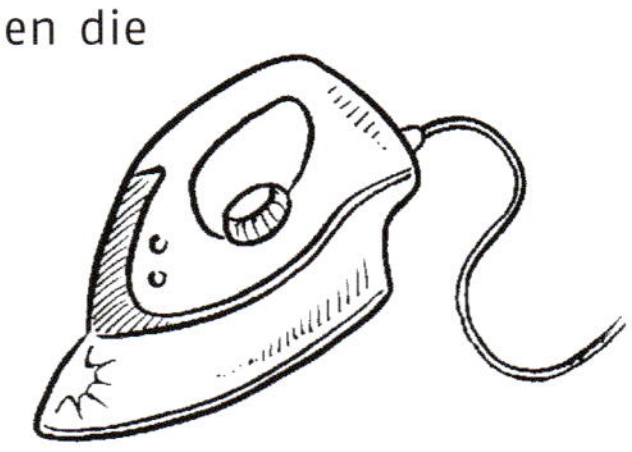

■ *Feuerwerk (Papierbatik), Baris, 10 Jahre*

Idee:

Mit den entstandenen Papierbatiken lassen sich auch sehr schöne Grußkarten gestalten.

4.4 Natur-Kunst

Thema:

frei, z. B. Mandalas, Steintürme, Kränze, Gesichter, Tiere

Material:

- alles, was man in der Natur findet, außer Müll, geschützte Pflanzen oder lebende Tiere
- Fotoapparat
- Draht, Kneifzange
- Paketschnur
- Gartenschere

Info:

Vor dieser Aktion ist es vorteilhaft, das Gelände, auf dem die Natur-Kunst gestaltet werden soll, zu inspizieren. Gibt es interessante Plätze und Materialien? Ist es gut erreichbar? Auch das Wetter spielt eine Rolle, die Jahreszeit dagegen nicht. Man findet in der Natur immer Dinge, die sich zu Kunstwerken arrangieren lassen.

Toll ist es natürlich, wenn sich ein Bachlauf in dem Gelände befindet: Von Wasser sind Kinder immer fasziniert und sie können prima damit experimentieren. Wir hatten uns ein Stück Wald für unsere Aktion ausgesucht, das von der Schule gut zu erreichen ist, mit schmalen Wanderwegen und stimmungsvollen Aussichtsplätzen.

Durchführung:

In Zweier- oder Dreiergruppen werden die Kinder mit Gartenschere losgeschickt, sich Material in der Umgebung zu suchen, aus dem sich ein Kunstobjekt bauen lässt. Als Beispiel für Natur-Kunst erwähne ich ein Mandala auf dem Boden einer Lichtung oder eine Art Fenster zwischen zwei Baumstämmen. Natürlich überlasse ich aber den Kindern die Entscheidung selbst, was sie gestalten wollen. Die Gruppen sprechen sich ab, ob sie gezielt für eine bestimmte Idee Material sammeln, oder ob sie erst Material suchen, von dem sie sich dann später inspirieren lassen möchten.

Am Treffpunkt werden alle gefundenen Schätze gesichtet. Als nächstes wählen die Kinder eine Stelle in unserem ausgewählten Gebiet für ihr Kunstwerk aus.

Ergebnisse:

Jan und Sven entschieden sich für einen höher gelegenen Ort, der über eine verwitterte Treppe zu erreichen war, und platzierten ihre Kugelbahn zwischen zwei schattigen Bäumen. Sie bestand aus Rindenhälften und kleinen Tannenzapfen. Die Mädchen dagegen wählten die sonnige ebene Lichtung für ihr Tipi, bestehend aus mit Efeu umflochtenen Ästen.

→ *weiter Seite 28*

Natur-Kunst (Tipi), Giulia und Sarah

Natur-Kunst (Kugelbahn), Jan und Sven

■ *Natur-Kunst (Waldschrat), Baris, Benjamin und Özgün*

Die meisten Kinder entschieden sich interessanterweise für eher „funktionelle“ Objekte. Dabei war die Stabilität der Objekte für alle Baumeister eine besondere Herausforderung. Eine Gruppe baute sogar eine lebensgroße Figur, ganz wichtig: mit Feigenblatt!

Hinweis:

Diese Aktion war wirklich ein Experiment, wahrscheinlich reagieren Kinder ganz unterschiedlich auf dieses Thema. Die Kinder der Kunst-AG hatten anfangs Schwierigkeiten, sich darauf einzulassen, am Ende waren sie unzufrieden, dass sie ihre Kunstwerke nicht mitnehmen konnten und der Natur und letztendlich der Zerstörung überlassen mussten. Gut, dass wir wenigstens fotografisch unsere Natur-Kunst konservieren konnten!

Teil B
Kunstideen

5. Drucken

Kartoffeldruck: Burgruine

5.1 Kartoffeldruck

Thema:
Burgruine, Geisterschloss, Tor

■ *Stempel und marmorierte Farbe sind vorbereitet, ...*

■ *... jetzt kann es losgehen!*

Material:
- Kartoffel
- Obstmesser
- Küchenbrett
- Dispersionsfarbe in Schwarz und Weiß
- Pinsel
- alte Teller
- festes Papier, DIN A2

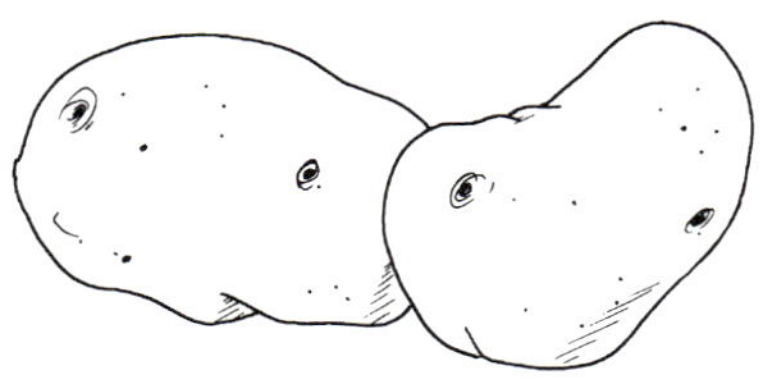

Info:
Kartoffeldruck ist meist schon aus der Kindergartenzeit bekannt. Wir wollen die selbstgemachten Stempel dazu nutzen, um seriell zu arbeiten, d. h. viele gleiche oder ähnliche Dinge zügig zu gestalten, ohne sie mühsam einzeln zu malen. Damit lernen die Kinder auch den eigentlichen Sinn und Zweck eines Stempels kennen.

Durchführung:

Zunächst schneiden die Kinder aus den Kartoffeln Stempel zu: rechteckige, quadratische, keilförmige (für Rundbogenfenster und Torbogen) und dreieckige.

Dann wird auf dem Teller die Farbe gemischt: ca. ein Drittel Schwarz und zwei Drittel Weiß. Die Farben mit einem Pinsel nur teilweise verrühren, sodass kein homogenes Grau, sondern Schlieren und Marmorierungen entstehen: Die so aufgedruckten Steinquader sehen so besonders echt aus.

Nun wird gedruckt. Die Kartoffelstempel vorsichtig in die Farbe tauchen und dann Stein auf Stein „bauen". Dabei den einmal eingefärbten Stempel ruhig öfter hintereinander benutzen, der Effekt ist lebendiger.

Burgruine:

Nach dem Trocknen der Farbe malen die Kinder mit Wasserfarben und breitem Pinsel den Himmel und die Wiese lasierend (dünner, verwässerter Farbauftrag). Die leeren Fensterhöhlen wirken so noch ruinöser.

■ *Burgruine (Kartoffeldruck), Dilara, 10 Jahre*

■ *Geisterschloss (Kartoffeldruck), Franca, 9 Jahre*

Geisterschloss:

Interessant ist es auch, nur mit Weiß auf schwarzes Tonpapier zu drucken. Vielleicht schaut auch ein kleines weißes Gespenst über die Zinnen?

■ *Tor (Kartoffeldruck), Jan, 9 Jahre*

Tor:

Durch die Toröffnung sollten andere Gebäude oder ein Weg in dunklerer Farbe zu sehen sein, um die Tiefenwirkung zu verstärken.

Hinweis:

Manche Kinder fangen irgendwann an, die Stempeldrucke sehr dicht zu setzen, zu verschmieren, ja mit den Kartoffelstücken zu malen.

Das hat seinen ganz eigenen Reiz. Da hier aber das Thema „Drucken" im Vordergrund steht, habe ich die Kinder ermuntert, ihr Bild fertig zu drucken. Auf einem anderen Papier konnten sie dann mit diesem neuen Malmittel experimentieren.

5.2 Kartonradierung

Thema:
Fabeltier

■ *Vorübung: Gemeinschafts-Fabeltier*

Material:
- Innenseiten von Tetrapaks (sauber)
- Skizzenpapier in Größe der Tetrapaks
- Kugelschreiber
- Aqualinoldruckfarbe in Blau, Grün, Rot, Schwarz
- Glasplatte
- Einfärbewalzen
- Andruckwalzen, Nudelholz oder leere Flasche
- Druckpapier (normales Kopierpapier DIN A4)

Info:
Bei der Kartonradierung handelt es sich um ein Hochdruckverfahren. Dabei wird die Zeichnung mit dem Kugelschreiber in die beschichtete Fläche des Tetrapaks eingedrückt; die Zeichnung bleibt beim Druckvorgang weiß stehen, während der unbearbeitete Grund farbig abdruckt.

Durchführung:
Als Vorübung kann man folgendes Spiel machen: Ein DIN-A4-Blatt wird zweimal gefaltet, sodass drei gleiche Abschnitte entstehen. Ein Teil ist für den Kopf, einer für Hals und Bauch und einer für den Schwanz gedacht. Zunächst zeichnen alle Kinder einen Tierkopf, dieser Teil wird umgeknickt und an

Skizze des Fabeltieres

den Nachbarn weitergegeben. Die Übergangsstellen vom Hals müssen auf dem nächsten Abschnitt markiert sein. Nach demselben Prinzip folgen die anderen Körperteile. Am Schluss dann die Überraschung: ein ulkiges Fabeltier ist entstanden.

Nach dieser Übung skizziert jeder seinen Entwurf eines ganzen Fabeltieres auf einem Papier in Größe des zurechtgeschnittenen Tetrapak-Kartons.

Das Fabeltier wird nun auf den Karton übertragen: entweder spiegelverkehrt mit Kugelschreiber eingedrückt (wenn das Tier in die gleiche Richtung schauen soll wie beim Entwurf) oder die Skizze direkt auf den Karton legen und durchzeichnen. Hinterher müssen die Linien mit Kugelschreiber vertieft werden. Dabei entstandene Flächen mit Strukturen füllen: Die Tiere können ein Fell, Schuppen oder Fantasiemuster haben.

Druckvorgang:

Zunächst muss die Druckstation hergerichtet werden: Tisch mit Zeitungspapier abdecken, Glasplatten, Aqualinolfarbe, Walzen und Druckpapier bereitlegen. Die Linolfarbe mit der Färbewalze dünn auf der Glasplatte ausrollen, bis es ein schmatzendes Geräusch ergibt. Pro Farbe eine Druckstation einrichten.

Dann können die Kinder ihre Druckplatten einfärben. Anschließend das Tetrapak mit der gefärbten Seite nach oben auf eine saubere Zeitung legen, das Druckpapier darüber positionieren und mit der Andruckwalze anpressen. Dann kommt das Beste: Die Überraschung und Freude, wenn man das Papier abzieht, umdreht und sein Werk bewundern kann.

■ *Walze mit Farbe und Druckstock*

■ *Aufbringen der Farbe auf der Druckplatte*

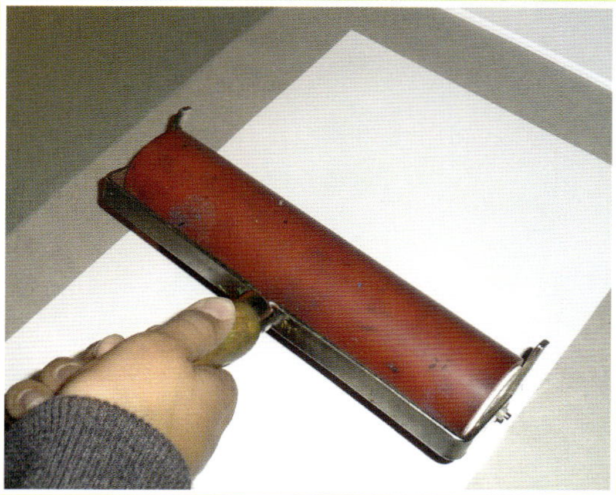

■ *Anpressen des Papiers mit einer Walze*

■ *Abziehen des gedruckten Bildes*

Hinweis:

- Oft braucht es zwei bis drei Andrucke, bis der Druckstock die richtige Intensität erreicht.
- Am Ende der Kunststunde und wenn die Kinder die Farbe wechseln wollen, waschen sie die Tetrapak-Kartons einfach ab. So können sie ihre Druckplatte immer wieder verwenden.

Idee:

Haben die Kinder einige einfarbige Drucke produziert, können die Farben auch gemischt werden: Sie rollen dazu mit der Färbewalze beispielsweise erst über die blaue, danach über die grüne Farbe und färben dann ihre Druckplatte ein. Nach dem Andruck ist das Ergebnis ein ins Blau-Grün changierendes Fabeltier. Das anschließende Experimentieren mit verschiedenen Farbkombinationen bringt neuen Spaß in die Druckaktion.

■ *Fabeltier (Kartonradierung), Ina, 9 Jahre*

5.3 Golddruck

Thema:

Mechanisches Spielzeug

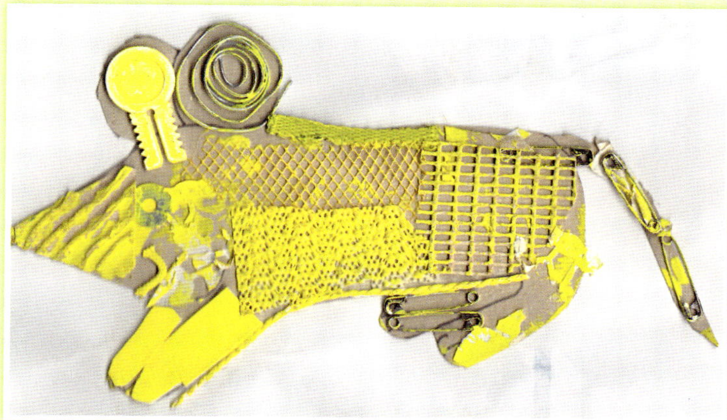

■ *Maus - Druckstocke*

Material:

- fester Karton, DIN A4 (z. B. Rückwand eines Zeichenblocks)
- doppelseitiges Klebeband
- Klebstoff
- gelbe Aqualinoldruckfarbe
- Kleinmaterialien wie Knöpfe, Büroklammern, Unterlegscheiben, Sicherheitsnadeln, Schlüssel, Münzen, Muttern, Gummis, Schnur, Draht, Moosgummireste, Reste von Antirutschmatten etc.
- feiner Goldpuder (in Fläschchen)
- Material für die Druckstation: siehe Kapitel 5.2 Kartonradierung
- Druckpapier: dunkelblaues oder schwarzes Tonpapier, DIN A4

Info:

Die Bezeichnung Golddruck ist ein wenig „geschummelt"; eigentlich handelt es sich hier um einen Materialdruck, bei dem in die feuchte Farbe Goldpuder aufgebracht wird. Aber es gibt dieser Gestaltung einen geheimnisvollen Touch und wird dem wertvoll aussehenden Endergebnis gerecht.

Durchführung:

Auf den Karton wird zunächst das Spielzeug grob mit Bleistift skizziert. Es kann eine Maus, ein Vogel oder aber auch etwas Technisches wie ein Fahrzeug sein. Das Bildformat sollte gut ausgenutzt werden. Danach suchen sich die Kinder aus dem Sammelsurium an Kleinmaterialien passende Teile aus, schneiden sie eventuell zurecht oder kleben sie direkt auf die Skizze. Von Vorteil ist es, die Konturen z. B. mit Schnur zu markieren. Die Materialien sollten möglichst eine Höhe haben! Am Schluss wird das Objekt ausgeschnitten, damit beim späteren Drucken nur das Motiv, nicht aber der Hintergrund druckt.

Druckvorgang:

Druckstation einrichten wie bei Kartonradierung (Kapitel 5.2), Goldpuder bereitstellen. Der Druckstock wird kräftig in Gelb eingewalzt, dann mit der Bildseite nach oben auf eine saubere Zeitung gelegt. Druckpapier darüber positionieren und andrucken. Eventuell mit leichtem Fingerdruck darüber reiben und den Druck abziehen. Anschließend wird sofort in die noch feuchte gelbe Farbe der Goldpuder gestreut.

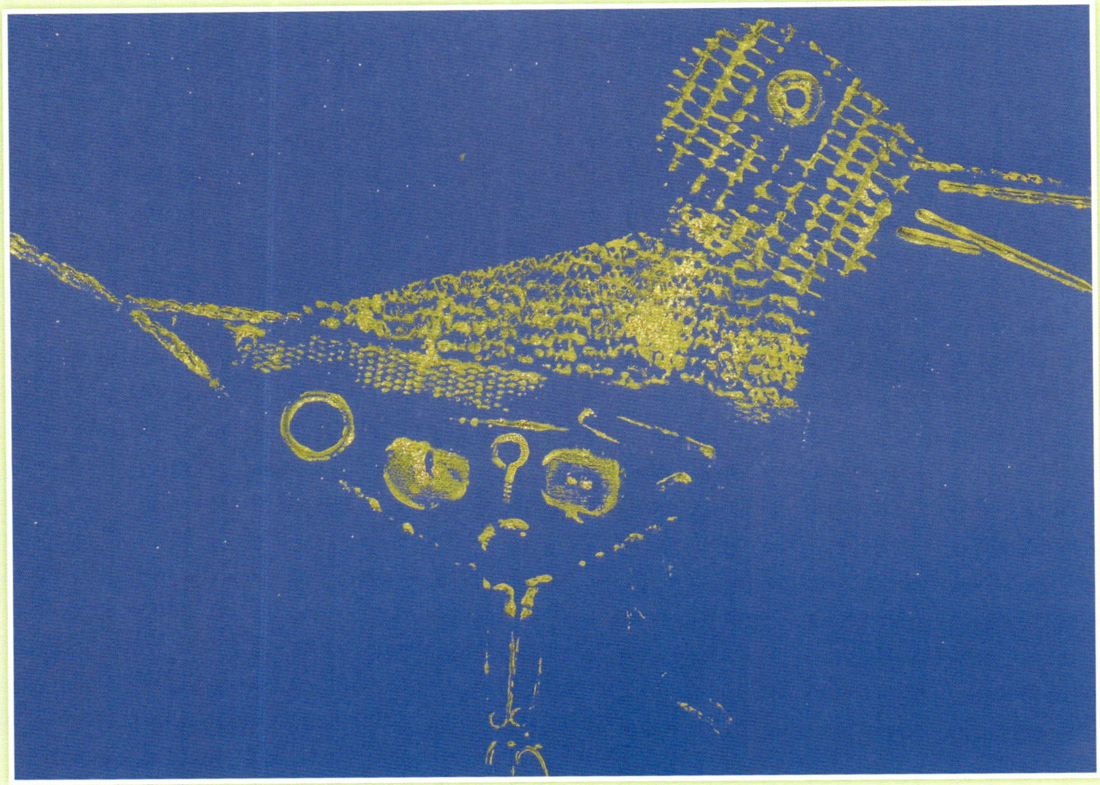

■ *Chinesische Nachtigall (Golddruck), Marius, 8 Jahre*

Hinweise:

- Die Zeitungspapierlagen müssen oft gewechselt werden, um saubere Drucke zu bekommen.
- Wenn die Farbe getrocknet ist, den nicht haftenden Goldpuder vorsichtig in ein geknicktes Papier klopfen. Das gesammelte Pigment kann so wieder zurück in die Fläschchen gefüllt werden.
- Anders als bei der Kartonradierung ist hier der Druckstock nicht sehr haltbar. Da die Aqualinolfarbe auf Wasser basiert, lösen sich irgendwann aufgeklebte Teile ab, der Pappkarton wird feucht und weich. Fünf bis zehn Drucke sind aber möglich.

Ergebnis:

Die fertigen Golddrucke sehen wirklich wertvoll und professionell aus. Es lohnt sich, diese zu rahmen und so auch den Goldpuder zu sichern.

5.4 Stempeldruck

Thema:
Die Geschichte von „Swimmy"
(nach einer Erzählung von Leo Lionni)

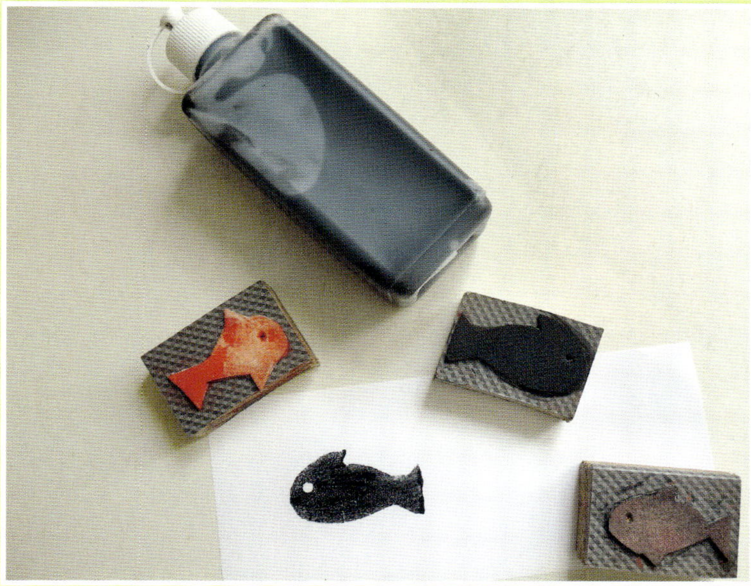

■ *Fisch-Stempel*

Material:
- festes Papier, DIN A2
- Klebeband, (Malerkrepp)
- breite Pinsel
- Moosgummi, weiß
- Nagel, Messer, weiße Tafelkreide
- kleine Styroporplatte (ca. 1,5 cm dick)
- Spitzenreste, Reste von Strukturtapeten
- kleine Holzklötzchen (ca. Streichholzschachtelgröße), doppelseitiges Klebeband
- Aqualinolfarbe in Rot, Schwarz, Grün und Blau
- Material für Druckstation: siehe Kapitel 5.2 Kartonradierung

Info:
Diese Arbeit vereint mehrere Aspekte: eine Geschichte lesen, ihre Grundaussage finden, die Geschichte in verschiedene Abschnitte einteilen, Teams bilden sowie verschiedene Techniken anwenden (Malen, Materialdruck, Stempeldruck, Styropordruck und Fingerdruck).

Einstieg:
Wir besprechen zunächst die Geschichte „Swimmy" von L. Lionni und einigen uns gemeinsam auf die Hauptbotschaft der Geschichte. In der Kunst-AG filterten wir die Botschaft: „Gemeinsam sind wir stark!" heraus. Danach wird der Text in vier Szenen unterteilt. Die verschiedenen Szenen werden von zwei oder drei Kindern in Einzelarbeit bearbeitet.

Durchführung:
Alle Kinder nehmen zunächst die gleichen Vorarbeiten vor: Zuerst malen sie das Meer. Dazu wird jeder Papierbogen mit dem Malerkrepp rundum auf der Tischplatte angeklebt. Mit blauer Wasserfarbe, breitem Pinsel und viel Wasser füllen die Kinder wellenartig das ganze Blatt. Der Malerkrepp bewirkt, dass sich nun das sehr feuchte, wellige Papier beim Trocknen wieder glattzieht.

■ *Swimmy – Teil 1 (Stempeldruck), Juliette, 9 Jahre*

Swimmy war der einzige schwarze Fisch in einem Schwarm kleiner roter Fische.

Jetzt stellen wir den Stempel her: Die Kinder zeichnen auf ein Stück Moosgummi in Größe des Holzklötzchens einen einfachen Fisch, schneiden ihn aus, stanzen das Auge mit einem Nagel aus und kleben den Fisch auf das Holz. Anschließend richten wir die Druckstation für die Farben Grün und Blau her (siehe 5.2 Kartonradierung)

Bild 1:

Auf das getrocknete Wasserbild drucken die Kinder mit Spitzenresten und Strukturtapete Pflanzen und Gestein. Dazu walzen sie diese Materialien mit grüner Linoldruckfarbe ein und drucken sie direkt auf das Papier: Die eingewalzte Spitze wird dazu mit der Farbseite auf das Bild gelegt, dann kommt Schmierpapier darüber und schließlich wird mit der Andruckwalze darüber gerollt.

Danach wird die Spitze wieder abgezogen und die Meerespflanze ist gedruckt. Für den Fischschwarm wird der Fisch-Stempel mit Hilfe eines Pinsels in roter Linoldruckfarbe eingefärbt. Die Kinder fertigen zunächst einen Probedruck an und gestalten danach den Fischschwarm. Anschließend wischen sie den Stempel ab und drucken Swimmy in Schwarz.

Bild 2:

Wie bei Bild 1 beschrieben, drucken auch die Kinder dieser Gruppe den Meeresgrund auf das Wasserbild. Der große Raubfisch (nur Kopf) wird aus der Styroporplatte mit dem Messer geschnitten, für die Augenregion wird ein kleiner Kreis ausgeschnitten. Den Kopf mit blauer und grüner Druckfarbe einwalzen und so auf das Format legen, dass der Raubfisch von einer Seite her ins Bild dringt. Mit den Händen gut andrücken und vorsichtig abziehen. Durch die Styroporstruktur bekommt der Fisch richtige Schuppen. Das Auge wird mit einem Fingerabdruck gestaltet. Mit dem Fisch-Stempel den in Aufregung geratenen Fischschwarm in Rot drucken, Swimmy in Schwarz zwischen den Pflanzen verstecken.

Als eines Tages ein gefräßiger großer Tunfisch kam, wurden alle roten Fischchen verschlungen, nur der kluge Swimmy nicht, da er sich versteckt hatte.

■ *Swimmy – Teil 2 (Stempeldruck), Franca, 9 Jahre*

Später traf Swimmy einen anderen Fischschwarm. Mit seinen neuen Freunden wollte er aufbrechen und die Wunder des Ozeans entdecken.

■ *Swimmy – Teil 3 (Stempeldruck), Alla, 9 Jahre*

Bild 3:

Der Meeresgrund wird wie bei Bild 1 beschrieben gedruckt. Mit dem Fisch-Stempel drucken die Kinder einen Fischschwarm in Rot und einen einzelnen Swimmy in Schwarz, sodass der Eindruck einer Begegnung entsteht.

Zuerst weigerten sich die Fische aus Angst vor den Raubfischen ihm zu folgen. Aber Swimmy hatte eine gute Idee ...

■ *Swimmy – Teil 4 (Stempeldruck), Lena-Clara, 10 Jahre*

Bild 4:

Die Kinder dieser Gruppe schneiden einen großen Fischschwanz aus dem Styropor, walzen diesen mit blauer und grüner Farbe ein und platzieren ihn so am Rand des Bildes, dass der Eindruck entsteht, der Raubfisch schwimme aus dem Bild. Auch bei diesem Druck müssen die Kinder die Form mit den Händen gut andrücken und anschließend abziehen. Mit weißer Kreide zeichnen sie nun einen großen Fisch mit offenem Maul leicht vor. Dann drucken sie mit ihrem Fisch-Stempel in roter Farbe den Fischschwarm in diese vorgezeichnete Form und lassen dabei das Auge frei. Zuletzt drucken sie Swimmy in Schwarz an diese Stelle. Wenn die Farbe getrocknet ist, können sie die Kreidevorzeichnung mit einem Lappen wegwischen.

Idee:

Die einzelnen Bilder, jedes für sich schon eindrucksvoll, erhalten erst in Serie, als Bildergeschichte, ihre wirkliche Bedeutung. Deswegen wurden sie – schön gerahmt – von den „großzügigen" Künstlerinnen und Künstlern als Wanddekoration für den Eingangsbereich der Schule gestiftet.

Teil B
Kunstideen

6. Grafisch arbeiten

■ *Kunst aus Kopie: Haifoto*

6.1 Frottage

Thema:
Musterquadrat

Material:
- Bleistifte in verschiedenen Härtegraden
- Wachsmalkreiden
- kleine, quadratische Papiere aus Zettelboxen
- strukturierte Materialien z. B. Tüll, Gardine, Platzdeckchen, Netz, Anti-Rutschmatten, Sieb, Strukturtapete, Legoplatte, Blätter, Münzen
- Buchstaben aus Pappe
- buntes Tonpapier, 33 x 33 cm

Vorbereitung einer Frottage-Arbeit

Info:
Die Technik der Frottage begegnet uns auch im Kapitel 4.2 Mischtechnik. Hier wollen wir mit Bleistift arbeiten. Zunächst wird den Kindern noch einmal gezeigt, wie mit quergelegtem Bleistift locker über ein Objekt, das unter einem Papier liegt, geschummert wird. Das Objekt wird durchgerieben. Bei härteren Bleistiften ist die Zeichnung präziser, aber auch heller; bei weicheren unschärfer, aber intensiver.

Durchführung:
Nun werden die Kinder auf Struktursuche geschickt. Sie können die ausgelegten Materialien benutzen oder ihre Umgebung nach interessanten Strukturen und Mustern absuchen: Fußbodenbeläge, Wände, Gitter, Heizkörper ... Wie wäre es mit der Schuhsohle des Freundes? Es sollen ganze Flächen durchgerieben werden, aber auch einzelne Objekte, wie Schlüssel oder Blätter. Auf diese Weise können sich die Kinder ein ganzes Archiv an Musterblättern zulegen. Zuletzt wird der Anfangsbuchstabe des eigenen Namens durchgerieben.

Auf dem bunten Tonpapier arrangiert jedes Kind eine Auswahl der Musterpapiere und klebt sie auf. Eine individuelle, dekorative grafische Arbeit ist entstanden.

Idee:
Mit übrig gebliebenen Musterblättern kann man eine große Gemeinschaftsarbeit gestalten und jeder kann sich mit seiner Initiale verewigen.

Musterquadrat „M" (Frottage), Marius, 8 Jahre

Musterquadrat "J" (Frottage), Juliette, 10 Jahre

6.2 Zeichenstunde

Thema:

Schwarz-weiße Kunst

Material:

- Bleistifte verschiedener Härtegrade
- aquarellierbarer, schwarzer Holzstift
- weißer Holzstift und Reiskohle
- Fixativ (Haarspray)
- Zeichenpapier, DIN-A3 und schwarzes Tonpapier
- Modelle: verschiedene Kuscheltiere, Schneckenhäuser, Muscheln, Federn

Info:

Tierzeichnungen lassen sich gut aus geometrischen Formen aufbauen (siehe auch Kapitel 4.2 Mischtechnik). Kuscheltiere sind meist sehr weich und rund, also bietet es sich bei ihnen an, mit Kreisen zu arbeiten. Es war ein bisschen Überredungskunst nötig, den Kindern klar zu machen, sich von der starren Kontur zu lösen und die Form des Tieres mit vielen Kreisen richtiggehend zu suchen.

Durchführung:

Zunächst sucht sich jedes Kind ein Tier aus, später können die Modelle auch getauscht werden. Positionen können verändert, außerdem verschiedenste Bleistifte ausprobiert werden. Dann sehen wir uns die Details genauer an: Wie sieht das Gesicht aus, wie kann man das flauschige Fell darstellen?

Danach nehmen wir uns die Schneckenhäuser, Muscheln und Federn vor und benutzen die Kohle. Die Schneckenhäuser können die Kinder meist nur von oben erfassen, die Muscheln von der Seite. Fasziniert sind sie aber vom Zeichenmittel Kohle. Sie merken schnell, wie leicht sie verwischt und benutzen begeistert das Haarspray als Fixativ. Jetzt kann auch der aquarellierbare Stift zum Einsatz kommen. Die schwarze Vorzeichnung wird mit Wasser und Pinsel sparsam vermalt, so kann man sogar plastische Effekte erzielen.

Ganz toll werden die Federn. Wir hatten Gänsefedern zur Verfügung, die im unteren Bereich einen weichen Daunenflaum haben. Zunächst schauen sich die Kinder die Federn sehr genau an: Den leicht gebogenen Kiel, den man mit einer schwungvollen Linie markieren kann. Dann den oberen Teil, Faser an Faser, in Strähnen teilbar, was man auch wieder rückgängig machen kann. Jetzt den Flaum, der dadurch so weich wirkt, weil sich feine Fädchen immer weiter verzweigen.

Idee:

Nachdem die Federn in Schwarz auf Weiß gezeichnet sind, gestalten die Kinder sie nun mit weißem Holzstift auf schwarzen Untergrund und sind begeistert.

■ *Teddy (Bleistiftzeichnung), Juliette, 10 Jahre*

■ *Hase (Bleistiftzeichnung), Juliette, 10 Jahre*

→ weiter Seite 48

Muscheln (Bleistiftzeichnung), Juliette, 10 Jahre

Schneckenhäuser (Bleistift, Kohle), Juliette, 10 Jahre

Federn (Kohle), Sarah, 10 Jahre

Federn (weißer Holzstift auf Fotokarton), Juliette, 10 Jahre

6.3 Kunst aus Kopie

Thema:
Suchbild

Material:
- vorbereitete DIN-A4-Blätter mit kopierten Motiven (schwarz-weiß)
- Bleistifte, Härtegrad 7B
- Knetradiergummi

■ *Suchbild „Haifoto" (Bleistift), Jan, 9 Jahre*

Info:
Kopiervorlagen können durchaus, neben dem auf Dauer langweiligen Ausmalen, eine Vorlage für kreatives Arbeiten sein. Es kommt immer darauf an, was man daraus macht. Die Motive werden in DIN-A4-Papiere „einkopiert" und nicht darauf geklebt, damit später beim Zeichnen möglichst keine Kanten und Übergänge entstehen.

Durchführung:
Die vorbereiteten Kopien mit Motiven von Zeitungsfotos, Grafiken oder Kunstdrucken werden ausgelegt und jedes Kind darf sich eines aussuchen.

Mit dem weichen Bleistift soll nun versucht werden, die Kopie so fortzusetzen und das ganze DIN-A4-Format zu füllen, dass man später einen Übergang kaum noch erkennt. Dabei können die Kinder sehr gut ausprobieren, was im Bleistift alles steckt, welche Abstufungen von hellstem Grau bis fast Schwarz möglich sind. Bei den Kunstdrucken kann auch versucht werden, den Duktus des Künstlers nachzuempfinden. Ab und zu sollte das Bild aus der Entfernung betrachtet werden, um schwache Übergänge zu bemerken. Überschneidungsstellen können die Kinder auch mit dem Finger oder Knetgummi verwischen.

Ergebnis:
Wir alle waren wieder einmal erstaunt, was für tolle Werke entstanden sind. Wir durften die Zeichnungen schön gerahmt im Schaufenster eines Copy-Shops ausstellen, unter dem passenden Titel „Mach was draus"!

Suchbild „Grafik Näherin" (Bleistift), Sarah, 10 Jahre

Suchbild „Jawlensky" (Bleistift), Giulia, 9 Jahre
Original: Alexej von Jawlensky (1864–1941) „Landschaft Oberstdorf", Kunsthalle Emden

Suchbild „Feininger" (Bleistift), Dilara, 10 Jahre
Original: Lyonel Feininger (1871–1956) „Gelbe Dorfkirche 1"

6.4 Wechselbild

Thema:
Metamorphose eines Schmetterlings

Material:
- vorbereitete Kopien (DIN A3) mit einem Schmetterling und einer Raupe
- DIN-A3-Papiere, je zwei an der Querseite zusammengeklebt
- Filzstifte

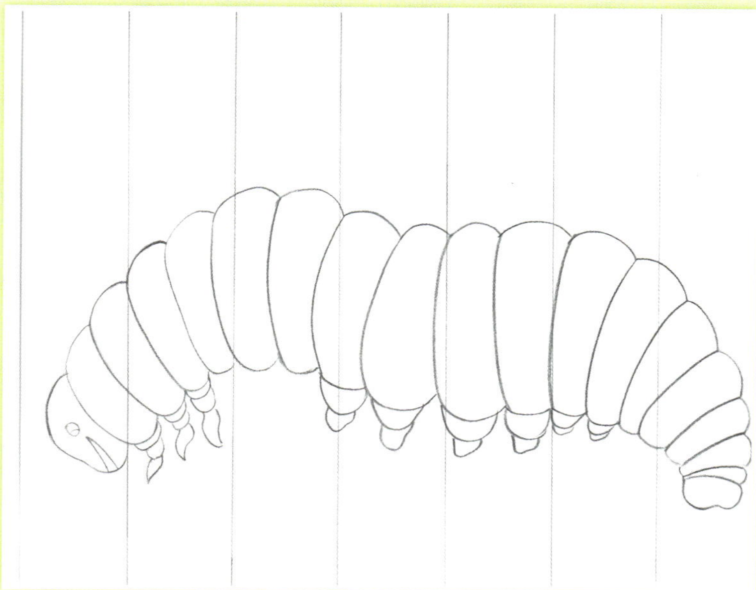

Wechselbild-Vorlage: Raupe ...

... und Schmetterling

Info:
Ich habe mich in diesem Fall für Vorlagen entschieden, da beide Tiere das Format ausfüllen und in den Proportionen übereinstimmen sollen. Das Wechselbild funktioniert sonst nicht. Bei der Gestaltung der Insekten bezüglich Farbe und Musterung sind die Kinder aber völlig frei.

Durchführung:
Jedes Kind bekommt eine Kopie vom Schmetterling und eine von der Raupe. Auf beiden Kopien sind gleiche Abschnitte von 6 cm Breite mit dünnen Linien markiert. Zur Inspiration kann man ein Buch oder Karten mit Naturaufnahmen von Schmetterlingen auslegen.

Wenn die Bilder fertig angemalt sind, werden die Abschnitte bei beiden mit Bleistift durchnummeriert – jeweils links beginnend. Danach die Blätter entlang der Hilfslinien durchschneiden und die Teile in zwei Stapeln nach Nummern ordnen. Die Abschnitte werden nun abwechselnd der Reihe nach auf dem langen Papierbogen aufgeklebt: 1 neben 1, 2 neben 2 usw. Dann wird das Papier entlang der Hilfslinien wie eine Zieharmonika gefaltet.

Ergebnis:

Stellt man das Wechselbild nun auf und betrachtet es schräg von einer Seite, setzen sich die Streifen zur Raupe zusammen.

Wechselt man die Seite, verwandelt sich die Raupe in einen Schmetterling: Metamorphose!

■ *Metamorphose 1 (Filzstift), Giulia, 9 Jahre*

■ *Metamorphose 2 (Filzstift), Giulia, 9 Jahre*

Teil B
Kunstideen

7. Malen

Ausstellung „Ätze, das Tintenmonster"

7.1 Übung zur Tiefenwirkung

Thema:

Katze vor dem Fenster
(Mischtechnik)

Material:

- Papierbogen, DIN A2
- Papierbogen, DIN A3
- Wachsmalkreiden Braun
- rohe Holzlatte, ca. 5 cm breit und 80 cm lang

■ *Hügellandschaft mit Tiefenwirkung*

Einstieg:

Es ist sinnvoll, vor der Arbeit an dem Bild gemeinsam mit den Kindern Fotografien aus Zeitungen oder Zeitschriften anzuschauen, auf denen Hügelketten abgebildet sind. Es fällt dabei auf, dass die entfernteren Hügelketten immer schmaler und heller werden. Dadurch entsteht der Eindruck einer sich weit in die Tiefe ziehenden Landschaft. Man nennt das Tiefenwirkung. Bei unserem Bild schaut eine Katze aus dem Fenster, vor dem eine hügelige Landschaft zu sehen ist, die sich in die Ferne entwickelt.

Durchführung:

Als Erstes gestalten die Kinder den Fensterrahmen. Dazu wird das DIN-A2-Papier bündig über die Holzlatte gelegt und mit der braunen Wachsmalkreide durchgerieben; am besten die Kreide vom Schutzpapier befreien und quer legen. Zuerst werden die Längsseiten und dann die Querseiten gemalt. Anschließend malen die Kinder den „Holzrahmen" mit brauner Wasserfarbe an.

Nun zeichnen sie ihre Landschaft vor. Nimmt man das Papier im Hochformat, wird die Tiefenwirkung noch verstärkt. Was die Katze und damit auch der Betrachter zu sehen bekommt, ist den Kindern freigestellt: Obstwiesen, Winterlandschaft, Felder – wichtig ist, dass die Objekte wie Bäume, Häuser etc. in der Ferne kleiner und heller werden. Nun wird das Bild mit Wasserfarben gemalt. Die Hinteransicht der Katze wird anschließend mit Jacksonkreiden auf das DIN-A3-Blatt gezeichnet – sie soll ja aus dem Fenster herausschauen. Getigert, gefleckt oder einfarbig, jeder malt seine persönliche Lieblingskatze. Dabei gut das Format ausnutzen! Die Katze wird ausgeschnitten und unten bündig vor die Landschaft und den Fensterrahmen geklebt. Und siehe da, die Katze schaut wirklich aus dem Fenster!

Idee:

Man könnte ein solches Fensterbild auch direkt an eine Wand malen und so mehr Licht und Leben in einen Raum bringen.

Katze vor dem Fenster, Max, 9 Jahre

7.2 Übung zum pastosen Farbauftrag

Thema:

Vulkanausbruch

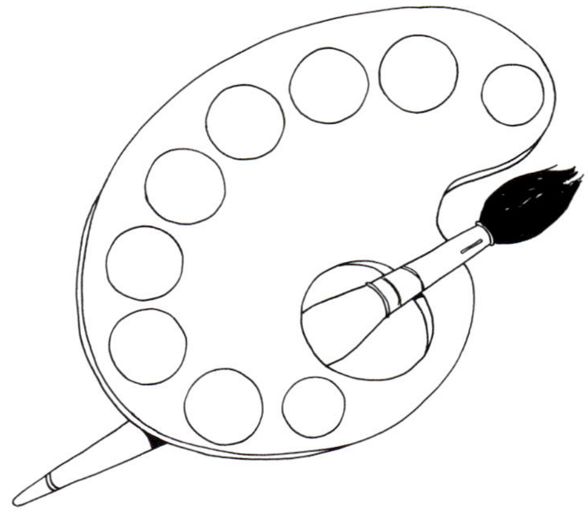

Material:

- festes Malpapier, DIN A2
- Dispersionsfarben in Rot und Gelb
- flache Joghurtbecher
- Mallappen

Info:

Um die Qualität der Lava naturgetreu darzustellen, soll die Farbe hier dick und unverdünnt aufgetragen werden. Wir sprechen dabei vom pastosen Farbauftrag, im Gegensatz zum lasierenden Farbauftrag (siehe auch Kapitel 4.2 Mischtechnik).

Durchführung:

Hoch- oder Querformat ist diesmal freigestellt. Mit Wasserfarben malen die Kinder am besten ohne vorzuzeichnen einen oder mehrere Vulkane mit Kratern. Dafür Schwarz und Brauntöne verwenden und die Oberfläche interessant gestalten. Den restlichen Raum mit Landschaft, Himmel usw. füllen. Der Vulkan ruht noch. Trocknen lassen.

In einen Joghurtbecher getrennt gelbe und rote Dispersionsfarbe geben, den breiten Borstenpinsel nur anfeuchten. Wir tauchen den Pinsel in die unverdünnte Farbe und malen drauf los. Wenn wir die Farbe wechseln, wischen wir den Pinsel am Mallappen ab. Wasser wird nicht benötigt.

Vulkanausbruch! Jetzt kann die Lava aus den Kratern schwappen und über den Berg fließen. „Lava-Bomben" werden in den rauchgrauen Himmel geschleudert. Dass sich dabei die Farbe plastisch vom Untergrund abhebt, macht das Bild noch expressiver. Aufpassen, dass Gelb und Rot nicht völlig zu Orange gemischt werden. Schlieren verstärken den naturalistischen Ausdruck.

Ergebnis:

Für die meisten Kinder ist das ein sehr intensives Erlebnis und sie sind erstaunt, wie einfach es geht, aber wie echt es aussieht.

Vulkane mit Krater entstehen

Noch ruhen die Vulkane ...

Vulkanausbruch! Heiße Lava wird herausgeschleudert …

… und fließt in Bächen den Berg hinab

Vulkanausbruch (Dispersionsfarbe), Elias, 10 Jahre

7.3. Übung zur Perspektive

Thema:

Frosch in der Stadt (Gruppenarbeit)

Material:

- große Papierbögen, 162 x 110 cm
- Dispersionsfarben in Rot, Gelb, Blau, Grün, Violett, Orange, Weiß
- alte Teller
- Malerpinsel, 2-3 cm breit
- schwarzer Edding

Einstieg:

Als Vorbereitung erarbeite ich mit den Kindern die Begriffe Vogel- und Froschperspektive. Dazu zeige ich ihnen die beiden Musterzeichnungen unten und sie erkennen sofort: Bild A zeigt den Blick von oben auf die Häuser, diese Perspektive wird deshalb Vogelperspektive genannt. Bild B zeigt den Blick von unten auf die Häuser und ist ein Beispiel für die sogenannte Froschperspektive. Wir wollen mit der Froschperspektive arbeiten, weil unser Thema „Frosch in der Stadt" heißt. In einem zweiten Schritt betrachten wir einige Bildbeispiele des Künstlers James Rizzi, z. B. „I feel lucky to where I live" oder „Love and Liberty is my big apple", denn wir wollen uns bei der Gestaltung von seinem witzigen comicartigen Stil inspirieren lassen.

■ *Bild A: Vogelperspektive*

■ *Bild B: Froschperspektive*

Durchführung:

Die Kinder werden in Gruppen zu drei oder vier Malern eingeteilt und die Tische so zusammengeschoben, dass eine ausreichend große Arbeitsfläche entsteht. Die Vorzeichnung mit Bleistift kann beginnen: Die verschiedenartigsten Häuser sollen lückenlos um einen Platz gruppiert sein, in dessen Mitte der Frosch, also eigentlich der (unsichtbare) Betrachter, sitzt. Als Hilfestellung habe ich die Mittellinien und Diagonalen mit Bleistiftlinien markiert. Die Häuser sollen lustige Gesichter haben, ähnlich wie auf den Beispielen von James Rizzi.

→ *weiter Seite 64*

■ *Frosch in der Stadt (Dispersionsfarbe), Baris, Giulia, Janika und Massimo*

■ *Frosch in der Stadt (Dispersionsfarbe), Daniel, Jan und Rumina*

Mit leuchtend bunten Dispersionsfarben werden die Vorzeichnungen nun ausgemalt. Nach dem Trocknen zeichnen die Kinder mit dem schwarzen Edding die Konturen nach und gestalten die Gesichter und Details. Das kleine Stück Himmel in der Mitte malt jede Gruppe anders, es gibt einen Nachthimmel mit Firmament, einen wolkigen, einen strahlend-blauen mit Sonne und einen verschneiten Himmel. Die Schneeflocken werden mit weißer Farbe mit den Fingern aufgetupft – diese Gruppe hatte eindeutig am meisten Spaß!

Ergebnis:

Bei der Betrachtung der fertigen Werke stellen wir fest, dass wir die Bilder drehen können wie wir wollen: immer schauen die Häuser auf uns, also den Frosch, herab. Die gewünschte Wirkung wurde erzielt.

■ *Frosch in der Stadt (Dispersionsfarbe), Janika, Lea, Nils und Özgün*

■ *Frosch in der Stadt (Dispersionsfarbe), Elias, Leon, Max und Sarah*

7.4 Tintenmonster

Thema:

Ätze, das Tintenmonster

Material:

- Zeichenpapier, DIN A3
- Schraubdeckel von Konservengläsern
- Füller
- Tintenkiller
- Tintenpatronen, blau

Malen mit Tinte als erster Schritt

Detailanlage mit dem Tintenkiller

Durchführung:

Zuerst hören wir uns zusammen das Hörspiel „Ätze, das Tintenmonster" von Ursel Scheffler und Robert Missler an. Dabei notieren sich die Kinder, was sie über die äußeren Merkmale von Ätze heraushören, z.B. dreibeinig, rüsselartige Nase, Glubschaugen usw.

Nun zeichnen sie das Tintenmonster vor; wer sich traut gleich mit dem Füller. Hoch- oder Querformat, das ist wieder freigestellt. Anschließend werden die Tintenpatronen (ca. 2-3) geöffnet, indem mit einer Pinwandnadel oben und unten eingestochen wird. Die Tinte drücken die Kinder in den Deckel. Mit Tinte und Pinsel malen sie ihre Zeichnung aus. Für hellere Partien können sie die Tinte vorsichtig mit Wasser verdünnen.

Wenn Ätze getrocknet ist, ist der Tintenkiller dran: die Augen, Ohren und die borstige Behaarung lassen sich so prima darstellen. Die so weiß herausgearbeiteten Strukturen erinnern an Grafiken, die im Linoldruckverfahren hergestellt werden. Wer möchte, kann für Ätze noch eine Kulisse aus Schulbänken, Bücherregalen und einem gruseligen Skelett malen.

Ideen:

- Ein Schüler malte zunächst das ganze Blatt mit Tintenblau aus und fertigte dann eine Negativ-Zeichnung von Ätze mit dem Tintenkiller an, was eine sehr interessante Alternative ist.
- Statt Tintenpatronen kann man auch blaue Tinte in Gläsern verwenden, auch diese kann mit dem Tintenkiller gelöscht werden.

■ *Ätze, das Tintenmonster (Tinte, Tintenkiller), Janika, 10 Jahre*

Teil B
Kunstideen

8. Collagen

■ *(T)Raumschiff (3-D-Collage), Katharina, 10 Jahre*

8.1. 2-D-Collage

Thema:

Apfel-Kirschen-Gurken-Mann/Frau

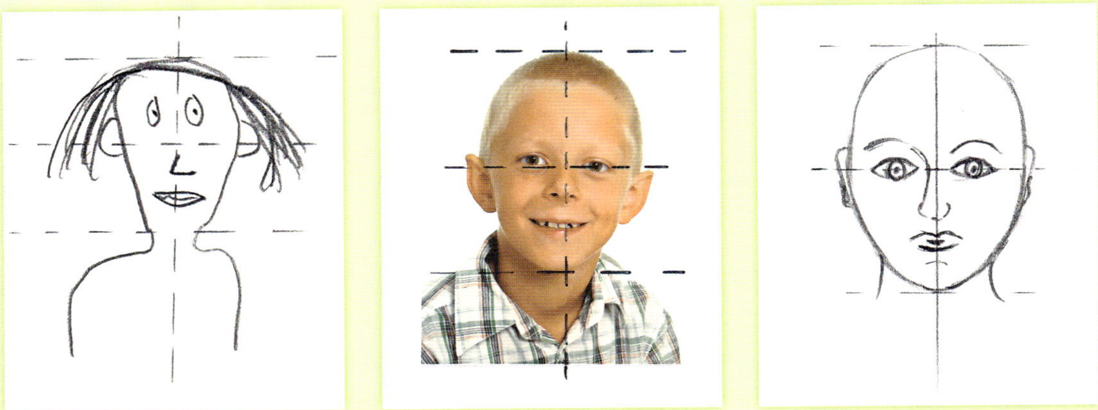

■ *Die Kinder entdecken die Proportionen des Gesichtes*

Material:

- Ausschnitte aus Zeitschriften und Werbeprospekten mit Obst- und Gemüseabbildungen
- Tonpapier, DIN A3, in Grün oder Braun
- Skizzenpapier, DIN A4
- Maßband

Info:

Dieses Thema wird gerne im Kunstunterricht gewählt, nicht ohne Grund. Wer sich die Werke von Guiseppe Arcimboldo, dem Erfinder dieses Motivs, anschaut, wird – wie die Kinder der Kunst-AG – fasziniert sein. Dieser Renaissance-Künstler hat seine Bilder natürlich gemalt, wir wollen sie aus Zeitungsausschnitten zusammensetzen.

Durchführung:

Zunächst widmen wir uns der Darstellung und dem Aufbau eines Kopfes. Die Kinder lernen, dass die Abbildung eines Gesichtes Portrait genannt wird, dass es von vorne – en face –, von der Seite – im Profil – oder aber im Halbprofil dargestellt werden kann.

Dann machen wir einen Versuch: Jeder skizziert kurz ein Gesicht auf einem Papier. Danach messen wir ein wirkliches Gesicht aus und stellen erstaunt fest, dass jeder die Augen zu hoch angesetzt hat; die Partie unter dem Mund ist viel zu lang geraten. Wir finden heraus, dass die Augenlinie knapp oberhalb der Mittellinie liegt und die Ohren auf Höhe der Augen sind. So sieht es am natürlichsten aus.

Nun werden Obst und Gemüse ausgeschnitten. Es ist darauf zu achten, Preisangaben oder Texte zu entfernen. Je genauer die Früchte ausgeschnitten sind, desto schöner sieht nachher die Collage aus.

Apfel-Gurken-Kirschen-Frau (2D-Collage), Ana, 9 Jahre

Auf dem Tonpapier (Hochformat) wird ein Kopf mit Halsansatz mit Bleistift leicht vorgezeichnet; Profil oder en face ist freigestellt. Die Ausschnitte werden auf der Vorzeichnung ausgelegt. Jetzt kann man noch ausprobieren: Lieber eine Birnen-Knubbelnase oder ein spitzer Peperoni-Zinken? Wie wär`s mit Pfirsichbäckchen oder doch lieber die Tomaten? Der Haarschmuck kann sehr kreativ gestaltet werden: Endivien-Dutt oder Punkfrisur aus Zuckerschoten?

Die kleinen Künstler merken bald, dass sie ganz schön viel Ausdauer benötigen, um das Bild fertig zu stellen. Manche bekleben deswegen nur die Kontur und die wichtigen Details mit Gemüse und Obst, was auch witzig aussehen kann. Die vollständig ausgestalteten Köpfe sind aber eindrucksvoller.

Idee:

Arcimboldo hat für seine zusammengesetzten Portraits ganz unterschiedliche Objekte benutzt. Auch wir könnten weitermachen mit einer Astern-Rosen-Nelken-Dame, einem Porsche-Ferrari-Alfa-Typ oder einem Hasen-Maus-Katzen-Tier.

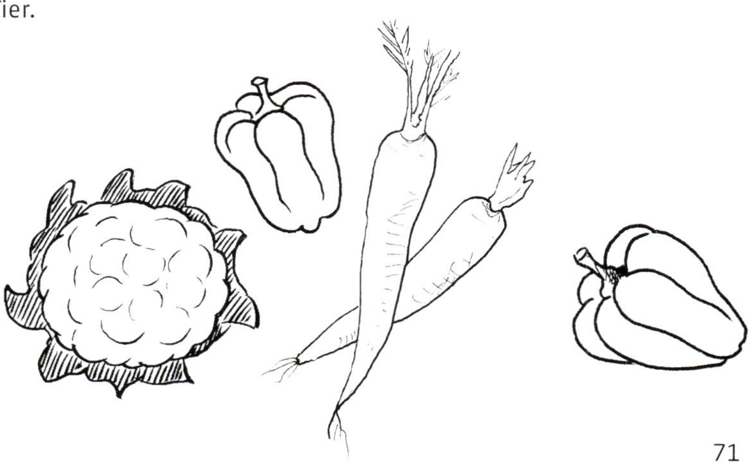

8.2 3-D-Collage

Thema:

(T)Raumschiff

Material:

- dunkelblaues Tonpapier, DIN A2
- Spritzsieb
- Zahnbürste
- silber- und goldfarbene Abfälle, z. B. kleine Schachteln, Verpackungsmaterial von Pralinenschachteln, Teelichthülsen, Konservendeckel, CDs, Bonbonpapiere
- Alufolie
- Klebstoff
- Heißklebepistole

Info:

Die 3-D-Collage unterscheidet sich von der 2-D-Collage dadurch, dass sie in den Raum – sozusagen reliefartig – hineinragt. Die Vorgehensweise ist die gleiche: Material sammeln, arrangieren und fixieren.

Durchführung:

Für das (T)Raumschiff müssen erst die unendlichen Welten des Weltalls geschaffen werden. Dazu spritzen die Kinder gelbe Wasserfarbe mittels Spritzsieb und Zahnbürste auf das blaue Tonpapier. So entstehen Galaxien und Milchstraßen.

Während dieser Untergrund trocknet, wird das Material gesichtet, zurechtgeschnitten oder gebogen und zusammengestellt. Manche Künstler lassen auch einen Astronauten im (T)Raumschiff sitzen oder auf Weltraumspaziergang gehen. Schließlich werden die Bauteile mit Klebstoff auf das Tonpapier geklebt. Vorsicht bei der Heißklebepistole: die Kunststoffteile können anschmelzen und man kann sich leicht die Finger verbrennen. Die Raumfahrt ist eben ein hochsensibler Bereich!

Hinweis:

Bei der Materialauswahl muss man darauf achten, dass sich die schnelleren, durchsetzungsstarken Kinder nicht alle guten Dinge (z. B. Teelichthülsen) „unter den Nagel reißen", und den anderen nur der „Schrott" übrig bleibt. Gerade wer wenig oder gar nichts zur Materialsammlung beigetragen hat, sollte sich bei der Auswahl zurückhaltend verhalten.

T)Raumschiff (3D-Collage), Janika, 10 Jahre

T)Raumschiff (3D-Collage), Elias, 10 Jahre

Teil B
Kunstideen

9. Präsente

9.1 Geburtstagsgeschenk

9.2 Weihnachten - Zauberbild

9.3 Ostern

9.4 Zum Muttertag

9.5 Für den Papa - oder andere Computerbegeisterte

■ *Grüne Würgeboa (Acrylfarbe), Elias, 10 Jahre*

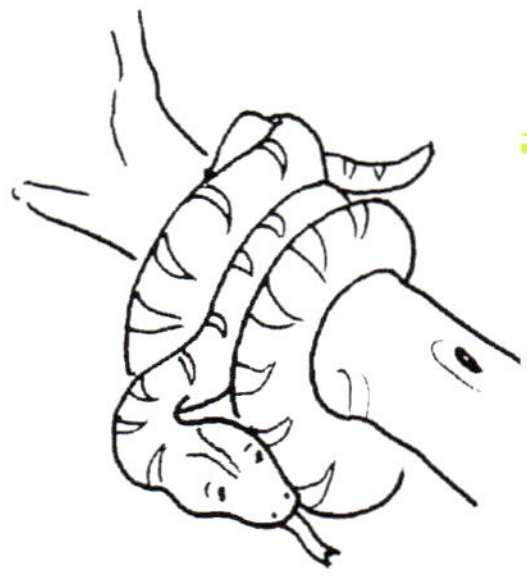

9.1 Geburtstagsgeschenk

Thema:
Schlange

Material:
- möglichst krumme Äste aus dem Wald, Durchmesser bis zu 8 cm, Länge ab 1 m
- elektrische Stichsäge
- Dispersionsfarben in Orange, Rot, Grün, Blau, Violett ...
- Acrylfarben in Weiß, Schwarz, Rot, Blau, Gelb, Grün ...
- breite Pinsel
- Joghurtbecher
- alte Teller
- Schmucksteine in verschiedenen Größen, Farben und Formen
- Schmucksteinkleber

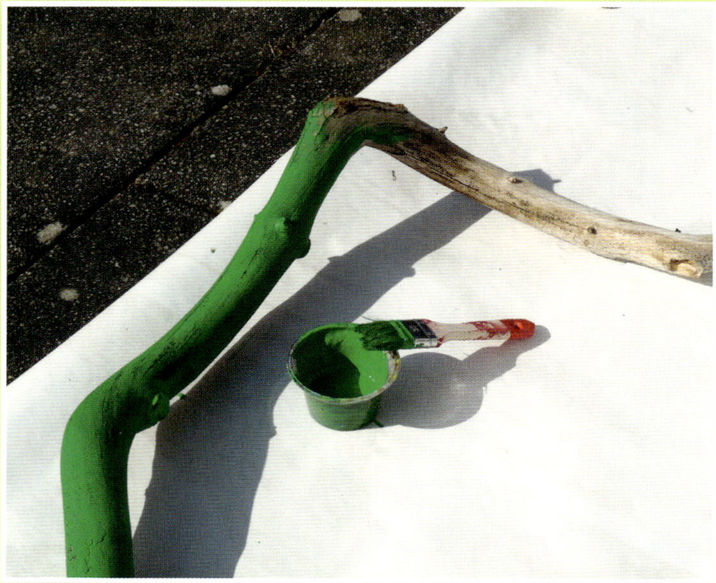

Die Schlange entsteht aus einem Ast

Mit Farben erhält sie ihr prächtiges Aussehen

Durchführung:
Zunächst müssen die Äste ganz oder teilweise entrindet werden; je länger sie schon auf dem Waldboden lagen, desto leichter geht die Rinde ab. Man kann auch Teile der Rinde an den Ästen lassen, sozusagen als Reste der alten Schlangenhaut. Da das Entrinden teilweise sehr mühsam ist, kommt es auf das Alter und die Zusammensetzung der Gruppe an, ob man die Äste schon vorbereitet mitbringt oder die Kinder das Entrinden selbst durchführen lässt.

Gerade Jungen übernehmen diese Arbeit gerne, allerdings benötigt man Messer und zum Schutz Arbeitshandschuhe. Anschließend wird der Ast vom Kursleiter am dicken Ende gerade abgesägt, dort ist

Der Kopf der Schlange

Glassteine verleihen der Schlange ein märchenhaftes Aussehen

später das aufgerissene Maul. Die Kinder malen die Äste mit verdünnter Dispersionsfarbe ihrer Wahl, abgefüllt in die Joghurtbecher, an. Die Holzmaserung darf ruhig durchscheinen.

Wenn die Farbe getrocknet ist – das geht recht schnell – wird die Musterung der Schlange mit Acrylfarben aufgemalt. Auf den alten Tellern können sich die Kinder hierfür eine Palette herrichten.

Für das aufgerissene Maul malen die Kinder die abgesägte Fläche rot an. Von dort ausgehend werden die Mundwinkel auf zwei gegenüberliegenden Seiten als Winkel, ebenfalls rot, gestaltet.

Wer möchte kann noch an den Ecken zwei weiße Giftzähne malen. Nun können auch die Augen platziert werden. Mit den Glasschmucksteinen dekorieren die Kinder die Schlange noch. Dadurch erhält sie ein wahrhaft märchenhaftes Aussehen.

Idee:

Wenn sie anschließend mit Klarlack lackiert wird, kann die schöne Natter sogar durch einen Garten schlängeln.

Grüne Würgeboa (Acrylfarbe), Elias, 10 Jahre

9.2 Weihnachten - Zauberbild

Thema:
Engel

Material:
- rahmenloser Bilderhalter, 18 x 24 cm
- Glasreiniger und Küchentuch
- schwarze Dispersionsfarbe
- breiter Borstenpinsel
- Skizzenpapier, 18 x 24 cm
- Nägel
- dicker, weicher Haarpinsel
- Prägefolie in Gold oder Silber, 19 x 25 cm
- Glasschmucksteine
- Montagekleber
- Goldfolie oder Alufolie

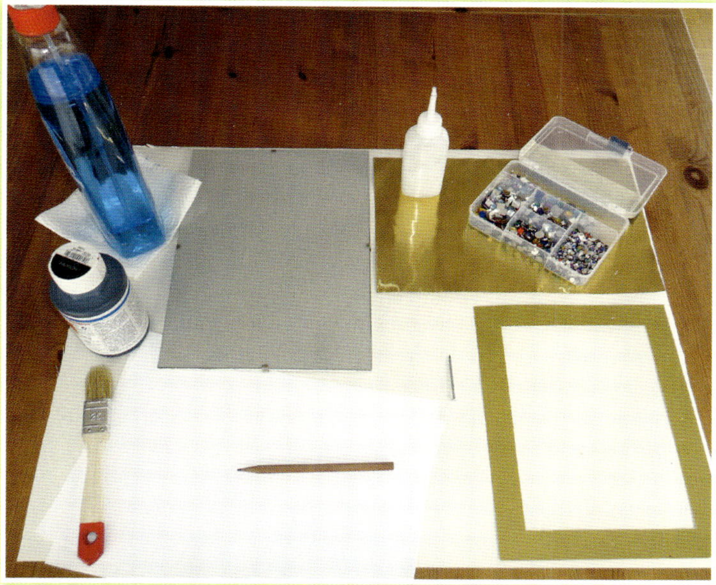

■ *Material für den Zauberengel*

Info:
Wir wenden hier die Technik der Hinterglasradierung an. Radieren bedeutet in der Kunst kratzen (von lateinisch: radere). Hier wird die Zeichnung aus der Farbschicht ausgekratzt.

Durchführung:
Die Kinder bauen zunächst den rahmenlosen Bilderhalter auseinander, putzen die Glasscheibe mit Glasreiniger und legen die anderen Teile beiseite. Dann streichen sie das Glas mit schwarzer Dispersionsfarbe an; erst gleichmäßig in einer Richtung, nach dem Trocknen im 90°-Winkel dazu.

Die Trockenzeit können sie dazu nutzen, um eine Skizze von ihrem Motiv anzufertigen. Wichtig dabei ist, auf dem Papier rundum einen Rand von etwa 2 cm freizulassen, der später vom Rahmen verdeckt wird. Nicht nur die Kontur des Engels soll gezeichnet werden, auch Muster im Kleid oder in den Flügeln sind wichtig.

Jetzt wird die Skizze auf das geschwärzte Glas übertragen, indem die Zeichnung mit dem Nagel ausgekratzt wird. Je mehr Schwarz entfernt wird, desto besser kann später auch das Gold oder Silber durchschimmern. Die anfallenden schwarzen Brösel kann man mit einem weichen dicken Haarpinsel wegfegen.

Rahmen von der Goldseite aus geprägt

Ornament erscheint erhaben auf silberner Oberseite

Rahmen von der Silberseite aus geprägt

Ornament erscheint erhaben auf goldener Oberseite

Nun gestalten die Kinder den kostbaren Goldrahmen: Aus der Prägefolie wurde vorher ein Rechteck (15 x 21 cm) ausgeschnitten, sodass ein 2 cm breiter Rahmen übrig bleibt. Die Kinder können nun entscheiden, ob sie lieber einen goldenen oder silbernen Rahmen haben möchten; je nachdem muss jeweils auf der Rückseite der Folie geprägt werden.

Dazu wird mit dem Ende eines Pinselstils ein Muster oder eine Figur eingedrückt. Es ist sinnvoll, jeweils von der Mitte auszugehen. Zusätzlich kann der Rahmen mit den Glasschmucksteinen verziert werden. Danach werden die Einzelteile zusammengesetzt. Unter die Glasscheibe (unbemalte Seite nach oben) wird Gold- oder Alufolie gelegt, dann der Bilderhalter zusammengebaut. Zuletzt wird der Goldrahmen aufgeklebt.

Idee:

Nicht alle Kinder der Kunst-AG wollten einen Engel gestalten, deshalb wurde alternativ das Thema Zaubervogel angeboten. Die Vorgehensweise war die gleiche, nur dass statt Goldfolie Regenbogenpapier unterlegt wurde. Auch dieser Effekt ist super (siehe S. 82). Einige Kinder waren so begeistert von ihren Werken, dass sie die Zauberbilder gar nicht verschenken wollten!

Weihnachtsengel (Hinterglasbild), Juliette, 11 Jahre

Zaubervogel

9.3 Ostern

Thema:

Dada-Hase

Material:

- Backform Osterhase
- Backpinsel
- Speiseöl
- Modellgips
- Gipsgefäß, Wasser
- feines Schleifpapier
- farbloser Lack

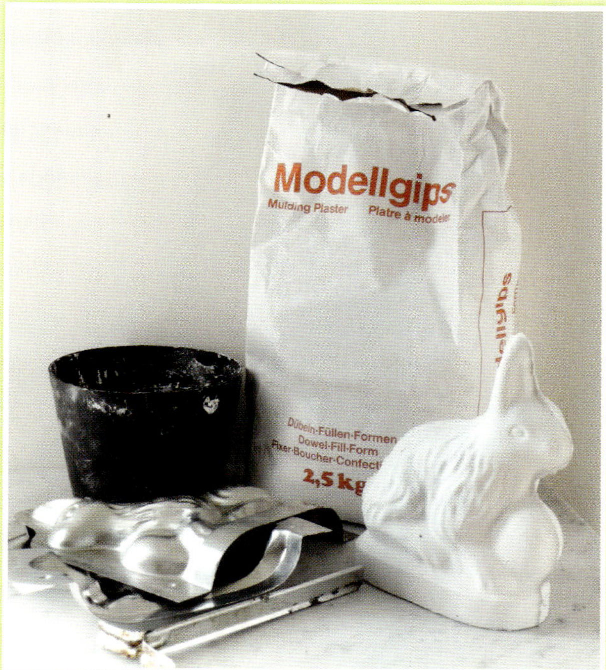

■ *Gips, das Material für den Dada-Hasen*

Info:

Dada ist eine Kunstrichtung, die 1916 entstand. Die Dadaisten stellten die bisherige akademische Malerei in Frage. Zufall und Abstraktion waren künstlerische Elemente, ebenso wie Ironie und Verfremdung der Wirklichkeit.

Da wir mit einer selbstgegossenen Gipsrohform arbeiten, wird den Kindern erklärt, wie z. B. die Bronzestatuen, die man in der Stadt sieht, entstanden sind: zuerst wird ein Modell aus Ton oder Wachs angefertigt, danach eine Gussform z. B. aus Metall oder Gips um dieses Modell erstellt und dann erst die richtige Plastik in Bronze gegossen. Eine Plastik ist ein modelliertes oder gegossenes, dreidimensionales Bildwerk, um das man herumgehen kann.

Durchführung:

Wir wollen nun unsere eigene kleine Plastik schaffen. Die beiden Hälften der Osterhasenbackform werden mit einem Pinsel eingeölt und danach zusammengesetzt. Dann wird der Gips in Wasser klumpenfrei nach der Packungsangabe eingerührt. Man lässt ihn kurz abbinden, bis die Mischung die Konsistenz eines Pfannkuchenteigs hat. Jetzt wird die Masse in die Backform eingefüllt. Sobald der Gips fest geworden ist (etwa nach einer Stunde) wird die Backform entfernt und der Hase muss nun mehrere Tage aushärten.

Damit jedes Kind einen Gipshasen für die Gestaltung zur Verfügung hat, muss rechtzeitig mit der Herstellung begonnen werden; mehrere Gussformen verkürzen natürlich den Prozess. Ich habe einige Hasen in der Kunststunde herstellen lassen und die anderen für die Kinder vorbereitet.

Dada-Hase, Katharina, 10 Jahre

Die Gipsrohform wird von den Kindern mit Schleifpapier bearbeitet. Die Gussnähte werden abgeschliffen und auch der Boden muss eine gerade Standfläche bilden. Es empfiehlt sich, den Gipsstaub abzupinseln und nicht wegzublasen, damit die anderen Bildhauer nicht eingestaubt werden.

Danach kann der Osterhase mit Wasserfarben angemalt werden. Aber nicht in Naturtönen wie ein echter Hase, sondern fantasievoll knallbunt: Es soll ja ein Dada-Hase werden. So kann der Hase wiesengrün mit Gänseblümchen sein oder ein Konfetti-Kleid tragen, regenbogenfarbene Streifen können sich über den Körper des Hasen ziehen und in einer Sonne im Osterei enden. Ist die Wasserfarbe getrocknet, gibt der farblose Lack dem bunten Hasen den letzten Schliff. Eine echte Osterüberraschung!

Dada-Hasen (Wasserfarbe auf Gips), Daniel, Elias, Janika, Jil, Katharina, Lea, Leon, Melina, Nils

9.4 Zum Muttertag

Thema:

Ein Herz für Dich!

Material:

- Keilrahmenleinwand, 30 x 30 cm
- Acrylfarben in verschiedenen Farbtönen
- alte Teller
- Glitter in Gold, Silber und Metallicrot
- kleine Zuckerherzen (Kuchendekor)
- Pailletten
- Föhn

Schwungvoll wird hier Blau für den Hintergrund aufgetragen

Info:

Diesmal dürfen die Kinder wie „richtige" Künstlerinnen und Künstler auf einer Leinwand malen.

Durchführung:

Zunächst müssen sie überlegen, welche Farbe das Herz haben soll und wie der Hintergrund gestaltet werden soll. Wird das Herz spektakulär, sollte der Hintergrund eher schlicht sein. Ist umgekehrt der Hintergrund sehr aufwändig, darf das Herz einfach sein. Begonnen wird mit dem Hintergrund. Um die Trockenzeit zu beschleunigen, kann der Föhn eingesetzt werden.

Ist der Hintergrund trocken, wird das Herz gemalt

Tipp:

Den Glitter sollte man nur punktuell z. B. an den Herzrundungen aufbringen und nicht flächendeckend darüberstreuen, das ist effektvoller. Mit einem sauberen, feuchten Pinsel kann man das Pulver gezielt auftragen.

Weniger ist auch hier mehr, obwohl manche kleinen Künstlerinnen und Künstler es besonders gut mit ihrer Mama meinen und alles, was angeboten wird, in ihr kleines Bild packen. Große Liebe!

Ergebnisse:

Iva hat den Hintergrund wellenartig in Blau gestaltet. Ihr Herz ist in verschiedenen Rottönen gemalt, die linke obere Herzrundung glitzert golden. Florale Muster, ebenfalls in Gold, die interessante Marmorierungen mit dem noch frischen Rot bilden, lassen das Herz sehr edel aussehen.

Lea hat ihr Bild in verschiedenen hellen Blauabstufungen gemalt, indem sie Blau und Weiß direkt auf der Leinwand gemischt hat. Ihr Herz ist einfarbig rosa und hat ein Glanzfenster. Die Bildfläche hat sie gut ausgenutzt. Die Sternpailletten hat sie noch in die feuchte Farbe gedrückt, so bleiben sie haften.

Melinas Herz liegt auf einem schlichten türkisfarbenen Untergrund, lediglich in den Ecken schillern ein paar Pailletten. Der Pinselstrich in Rot und Gelb ist in der Form gut sichtbar und wirkt sehr lebendig. Schließlich hat sie noch süße Zuckerherzen darauf gestreut.

Vorsichtiges und punktuelles Auftragen des Glitters

Muttertagsherz (Acryl auf Leinwand), Iva (9 Jahre)

■ *Muttertagsherz (Acryl auf Leinwand), Melina, Elias, Jil, Janika, Lea, Nils, Katharina, Daniel, Leon*

9.5 Für den Papa - oder andere Computerbegeisterte

Thema:
PC-Boy

Material:

- Holzbrett
- Teile eines ausrangierten PC, z. B. Tastatur, Mäuse, Festplatte, Innenteile
- Kabel
- Metallbeilagscheiben
- CDs
- Steckdosen, Stecker
- Akkuschrauber, Hammer
- Schrauben, Nägel, Reiszwecken
- Heißklebepistole
- kleine Ösen zum Einschrauben

Info:
Ausrangierte Geräte findet man beim Sperrmüll, bei der Elektroschrott-Abfuhr oder vielleicht zu Hause auf dem Dachboden. Man kann die Kinder in diesem Zusammenhang gut darauf hinweisen, dass es in einer Zeit der Kurzlebigkeit unserer Elektrogeräte durchaus Sinn macht, Dinge zu recyceln, und wenn es in Form von Kunst geschieht.

Durchführung:
Wie beim (T)Raumschiff (siehe Kapitel 8.2. 3-D-Collage) werden die verschiedenen Materialien arrangiert, hier zu einer Figur auf dem Holzbrett. Die Steckdosen bilden ein Gesicht, die Tastatur den Körper, Kabelbänder die Gliedmaßen und Computermäuse die Hände. CDs stellen Gelenke dar, oder auch Ohren. Kabelstücke, mehrfach um einen Bleistift gewickelt und dann abgezogen, sind Lockenhaare.

Danach probieren die Kinder selbst aus, wie die Dinge am besten befestigt werden. Es kommen Akkuschrauber, Hammer und Heißklebepistole zum Einsatz. Am Ende werden oben zwei kleine Ösen zur Befestigung eingedreht.

Idee:
Der PC-Boy ist ein tolles Geschenk für den Papa oder andere Lieben mit Computerleidenschaft oder auch eine schöne Dekoration für den Medienraum in der Schule.

■ *PC-Boy (3-D-Collage), Juliette und Marius*

Teil B
Kunstideen

10. Kunst betrachten

Kunst betrachten und darüber sprechen

10.1 Ausstellungsbesuch

Thema:
Exkursion zur Kunstausstellung

Material:
- Bleistift
- Radiergummi
- feste Unterlage (Rückseite eines Zeichenblocks)
- Quiz zur Ausstellung

Info:
Mal schauen, wie das die Großen machen, auch das gehört dazu. Wer Kunst macht, muss sich natürlich die „Mitbewerber" anschauen! Dazu muss man kein großes Museum aufzusuchen, selbst in kleinen Gemeinden finden heute interessante Ausstellungen statt. Besuchen Sie auf jeden Fall vorher die Ausstellung, um sich selbst ein Bild zu machen.

Durchführung:
Vorher sollte ganz genau besprochen werden, wie man sich in einer Ausstellung benimmt:

- Wir fassen nichts an, außer wir werden ausdrücklich dazu aufgefordert!
- Wir rennen nicht herum oder sind laut!
- Wir respektieren das Interesse und die Aufmerksamkeit der anderen!
- Wir nehmen Rücksicht auf andere Besucher!

Manchmal werden spezielle Kinderführungen angeboten oder es gibt ein vom Haus aus angebotenes Kunst-Quiz für Kinder. Wenn nicht, bereiten Sie selbst eins vor, so wird der Ausstellungsbesuch nicht zum langweiligen Herumstehen und die Kinder schauen sich die Werke viel genauer an (ein Beispiel für ein solches Kunst-Quiz finden Sie auf Seite 94).

Hinweis:
Je nachdem, wie die Gruppe zusammengestellt ist, kann es ratsam sein, eine Begleitperson zu organisieren. Es findet sich sicher ein Elternteil, das das gerne übernimmt.

Bearbeitung des Kunst-Quiz

Nach dem Ausstellungsbesuch:

Beispiel für ein Kunst-Quiz

1. Welches Material benutzt Didier Ahadsi für seine Kunstwerke ?

2. Welches Material benutzt Mbongeni Buthelezi ?

3. Nenne zwei Hauptthemen, die Buthelezi in seinen Bildern darstellt.

4. Außer kleinen Figuren hat Ahadsi ein größeres Kunstobjekt ausgestellt. Was und wofür ist es ?

5. Wann wurde Buthelezi geboren ?

6. Wie transportieren viele Figuren von Ahadsi Sachen ?

7. Zweimal werden Früchte geerntet. Welche ?

8. Was hat dir am besten gefallen ?

9. Wenn du noch Zeit hast, zeichne eine Figur ab !

10.2 Nachbereitung - Kunst als Impuls

Thema:
Müllmonster

■ *Müllmonster, Ilka, Sven und Massimo*

Material:

- gesäuberte Objekte aus dem Abfall wie Tetrapaks, Blech- und Plastikdosen sowie kleine Materialien wie Verschlüsse, Deckel, Korken usw.
- Klebeband
- Klebstoff aus der Tube

Info:

Es ist sinnvoll, nach dem Ausstellungsbesuch das Gesehene und Gelernte durch eigene praktische Umsetzung zu vertiefen. Unsere Kunst-AG besuchte im Sommer 2009 die Ausstellung „Recyclingkunst aus Afrika" von Didier Ahadsi und Mbongeni Buthelezi im Kulturverein Zehntscheuer in Rottenburg. Im Anschluss daran fertigten die Kinder auch Recyclingkunst an, nämlich Müllmonster aus gesäuberten Objekten aus dem „gelben Sack" (Plastik- und Metallmüll).

Durchführung:

Das Material wird gesichtet und ausgewählt. Hierbei sollen sich die Kinder absprechen und die Dinge gerecht aufteilen. Bevor geklebt wird, werden die Teile so zusammengestellt, wie sich jeder Künstler, jede Künstlerin das vorstellt. Ist es geschickter, erst den ganzen Körper zusammenzubauen und dann das Gesicht zu gestalten oder umgekehrt? Sollen die Beine ganz am Schluss auf den umgedrehten Korpus geklebt werden oder baue ich die Figur von unten nach oben auf? Die Standfestigkeit ist aufs Neue ein Faktor, der uns herausfordert. So findet ein Baumeister heraus, dass Dinge auf drei Beinen wesentlich sicherer stehen als auf zwei.

Ergebnis:

Die Kinder konnten auch bei diesem Ausstellungsbesuch wieder erfahren, wie wichtig es ist, gut hinzuschauen: Die beiden afrikanischen Künstler hatten ihre Umgebung genau beobachtet und Alltagssituationen auf eigenwillige und witzige Art wiedergegeben. Auch so kann Kunst sein: aufschlußreich und humorvoll. Darum immer: AUGEN AUF!